わたしの旅ブックス
029

混迷の国ベネズエラ潜入記

北澤豊雄

産業編集センター

プロローグ

男は医師にはそぐわない雑居ビルの一室に住んでいた。

空は日が沈み、コロンビアの首都ボゴタは不気味な紺色に包まれている。古ぼけた五階建てのビルの外壁は所々が剝がれ、みすぼらしかった。一階の大衆食堂の客はまばらで店員は店じまいを始めているところだった。エレベーターは激しい音を立てて上昇すると、急ブレーキをかけた車のように目的階で止まった。

三階の角部屋の前に立って私は住所を記した紙切れを確認した。魚眼レンズはない。インターフォンを押してしばらくすると、ドア越しに、「誰だ?」と、くぐもった低い声が聞こえた。

「寿司を届けに来ました。《侍や》の配達の者です」

「おたくの店の住所と電話番号は?」

私がすぐに答えると、警戒心の強い男はさらに付け加えた。

「おたくの社長のファーストネームとセカンドネームは？」

「ヒロマサ・タカハシです」

錆び付いた鉄扉が開き、見覚えのある中年の男が笑みを浮かべて立っていた。奥のほうには人のざわめきがあった。

「ありがとう。いくらだっけ？」

私は三人分の寿司を手渡して代金を受け取った。すると男の手がさらに伸びてきて、私のビニールジャケットのポケットにおさまった。

「これは君へのチップだ。ご苦労さん」

二〇一〇年六月。私はボゴタの日本食レストラン「侍や」で働いていた。男は三ヶ月ほど前から週に二、三度は顔を見せる常連になっていた。ベネズエラから移住してきたばかりの医師だという。配達を頼んだのは今日が初めてだった。店の方針で配達は金払いの良い常連客のみに限られていた。

「ところで、君はどうしてコロンビアにいるんだ？」

「スペイン語の勉強のためにここで働いています」

「それはいい。ベネズエラに行ったことは？」

「ないです」

「今のうちに行ったほうがいい。今に行けなくなる日が来る」

私は驚いて、尋ねた。

「どうしてですか？」

「人がいなくなるからだ。政府はあるのに、国民がいなくなる。いずれそんな日が来るだろう。君は将来、コロンビアで日本食レストランの経営者にでもなりたいのか？」

「いえ、中南米を書く物書きになりたくて修行中です」

男はとたんに表情を曇らせた。

「そうか。それなら、ベネズエラにはなおさら行ったほうがいい。高橋社長によろしく」

私はそのときベネズエラには関心がなかった。そんなものかと思いながら踵を返してビルを出ると携帯電話が鳴った。高橋弘昌社長からだった。

「北澤君、大丈夫？　場所は分かった？」

「いまちょうど届けました。これから店に戻ります。ところで社長、彼は医者なんですよね？」

「俺にはそう言ったけど、配達先の住所が住所だからねえ。嘘かもね。麻薬筋の関係者だったりして」

コロンビアは居住地で棲み分けがあり、どのような背景を持つ人物なのかがある程度、分かってしまうのだ。

「とにかく気をつけて帰っておいでよ。あっ、チップ、もらったでしょ？　金額、ちょろまかしちゃ駄目だよ。俺の目は誤魔化せないからね。わっはは。あの人なら二万ペソ（約一〇〇〇円。当時）は固い」

私は思い出してポケットに手を突っ込んだ。ぴったり二万ペソだった。

男はこの日を境に私たちの前に姿を現すことはなかった。

混迷の国ベネズエラ潜入記　目次

〈ベネズエラ地図〉
カラカス
シウダ・ボリバル
ベネズエラ

マイカオ
マラカイボ
マラカイボ湖
メリダ
プエルト
サンタンデール
ボガ・デ・グリータ
ククタ
サンアントニオ
ラ・パラダ
コロンビア
ボゴタ

〔表紙カバー・本文写真〕北澤豊雄

第一章

記者たちと国境へ

一、

ベネズエラへの入国を目の前にして、携帯電話が鳴った。いやな予感がした。

「申し訳ない。君をベネズエラで受け入れることが出来なくなった。両親に最終確認したところ、今の治安状況では何かあったときに責任が持てないそうだ。ここまで話を進めておいて申し訳ない」

電話の主はコロンビアの首都ボゴタの日本食レストラン「侍や」に勤める料理人のマルセイロである。私は十年ほど前に「侍や」で働いたことがあるため、ベネズエラ出身のマルセイロの実家を訪ねて取材の足がかりにしようと思っていたのである。とはいえ、計画が頓挫したことよりも、ベネズエラの治安のほうが気になっている。外国人を家に請じ入れることが困難な国とは、一体どのような状態なのだろう。

この日は、二〇一九年八月上旬。ここは、ベネズエラとの国境沿いのコロンビアの中都市ククタ市内の宿である。扇風機だけの蒸し暑い部屋で私は天を仰いだ。

「仕方ないよ。君の家族に迷惑をかけられない。それに、この話がなくてもどっちみちベネズエラに行く予定でもうククタに来ているからね。ベネズエラは目の前だ」

「受け入れ先がなくても行くのか？」と三十三歳のマルセイロは心配そうな声を漏らした。

「行くよ。国家破綻寸前と言われる国をこの目で見てみたい。無事に着いたらワッツアップで連絡する」

ワッツアップメッセンジャーとは、リアルタイムでメッセージの交換ができるスマートフォン向けのアプリケーションである。中南米では日本のＬＩＮＥのように普及している。

「本当に申し訳ない。友達にも聞いたけど、みんな日本人を家に泊めるのを嫌がるんだ。目立つから近所で評判になって強盗に押し込まれる可能性がある、とね。しかし君はコロンビアをはじめ中南米各地を回っているから大丈夫だろう。幸運を祈っている。とにかく気をつけて」

私はコロンビアで使用しているノキアのプリペイド式携帯電話を切ると、最近の日本におけるベネズエラ報道を思い出していた。

《南米のベネズエラで今、多くの人が生きるか死ぬかの瀬戸際にいます。食料も薬もなく、骨と皮だけになって衰弱する人たち。街では電気も水道もストップしました》朝日新聞WEB「南米一豊かな国に起きた異変　ベネズエラのいま」（二〇一九年六月二十四日）

《ベネズエラという国の経済が破綻した。二六八万％というとてつもないハイパーインフレによって、国民はモノが一切買えなくなり、人々が蓄財してきた資産は一気に無価値となった。その結果、とてつもない数の人々が国外に逃げ出している。（中略）食料やトイレットペーパー、紙おむつ、薬などのあらゆる物資が不足し、混乱を極め、略奪と殺人が頻発するなど、治安が極めて悪化しているという。水道・電気などのインフラの供給も度々ストップしている》現代ビジネスWEB「ハイパーインフレで地獄と化したベネズエラ、そのヤバすぎる現実」（二〇一九年七月十五日）

こんな報道があってもベネズエラ行きに思いを募らせているのは、四年ほど前に個人的な苦い思い出があったからだ。

当時、私は都内の病院の営繕課に勤めていた。二〇〇七年以降、コロンビアを拠点に中南米大陸の旅と取材を続けて雑誌やウェブメディアに記事を書いてきたが本になるまでには至らず、四十歳を前に活動を停止して就職したのである。

ところが、「侍や」の常連客だった会社社長のA氏が私の近況を聞くなり連絡を寄こして関西弁で言うのである。

「北澤君、あかん、あかん、病院清掃の仕事はもっと年を取ってからやるべきや。まだ三十八やろ。本になるまで続けなさい。お金のことは心配しなくてもいい。わしが支援したる」

ダブルのスーツを渋く着こなす六十代後半の彼はバブル然とした雰囲気を漂わす不動産会社の経営者である。コロンビアでは不動産投資をおこなっており、エメラルドの輸出にも乗り出す予定だという。数日後に指定された店に行くと、ゴルフ灼けした顔を見せながら尋ねてきた。

「中南米にはまだ興味あるのか？　今はどんなテーマに興味があるんや？」

「ベネズエラです」

私は間髪入れずに答えた。このときは二〇一六年の春頃、ベネズエラの経済状況が悪化しているというニュースが日本にもぼちぼちと伝わってきてはいた。

「いいテーマやないか」

A氏は身を乗り出すようにして目つきを変えた。

「俺は一度、調査に行っとるんや。不動産は安く買えるけど、遠隔操作が難しいんだ。現地に住んで直接管理していないと、所有権が勝手に変えられる可能性がある。また、日本と違い、政権が変わるとあらゆることが変わるので外国人による事業の継続は難しそうだと判断したよ。だからこそ、物を書くために行く国としては面白いと思う。俺も読んでみたい」

そこまで一気にしゃべると、咳払いして核心に入った。

「一冊分のことを書くとなると、現地での滞在期間はどのくらいで、いくら必要だと見積もってるんだ?」

ベネズエラにはコロンビアに住んでいた二〇一一年に二週間ほど観光で訪ねているだけで知り会いはおらず土地勘もない。したがってコロンビアで情報収集し紹介者などを探したうえで乗り込む必要がある。また、帰国直後の仕事が見つかるまでの当面の生活費や東京のアパートを不在にする間の家賃なども勘定しておかなくてはならない。相手も相手だし、私は思い切って多めに答えた。

「諸々の経費を含めると、三ヶ月で、トータル一五〇〇万円は必要です」

生き馬の目を抜くバブル時代を潜り抜けてきたと豪語しているA氏は、表情は変えずに声のトーンだけを強めて放言した。

「一五〇〇万じゃ足りないだろう。二〇〇〇万持っていけ。用意したる。高橋社長には《北澤君をくれぐれもよろしく。何かと相談に乗ってやってほしい》と言われているからな。コロンビアまでは一緒に行こう。一ヶ月半後ぐらいでいいかな」

A氏は「侍や」が資金繰りに困ったときも援助している。

こうして私はベネズエラ行きの準備をしながら病院を退職することになった。上司に「本を書くためにベネズエラに行きます。スポンサーもつきました」と報告したところ、「それはすごい！　北澤さんにとってプラスになる退職なら応援したい。送別会も盛大にやろう」と受理されて院内でも私のことが話題になった。日頃は挨拶しかしたことがなかった女性の看護師さんや事務員の女性が声をかけてくるようになった。

「北澤さん、聞きましたよ。旅行作家になるなんてびっくり。清掃で終わる人じゃないと思っていました。能ある鷹は爪を隠すってよく言いますもんね」などと言われてすっかり気をよくしていた。

ところが――。退職日も決まっていた矢先、いつもと声の調子が違うA氏から電話が入った。

「北澤君、実はな、ほんまに悪いが、コロンビア行きは延期や、延期。ちょっと仕事でトラブルがあってな……」

私は凍り付いた。すでに退職日は決まっており行く気も満々である。

「いつ頃になりそうですか？　病院の退職日は決まっています」

「分かっとる。大幅に延びるようなら仕事も世話したる。改めて電話するからよう待っとれ」

それから三日後にこちらから電話を入れたが発信音は鳴るものの折り返しはなかった。翌日に掛けても同じ状況だった。そのときの私の所持金は二十万円弱だった。複数の旅仲間に五十万円の借入を申し入れたが「金額が多き過ぎる。一万や二万なら……」と断られた。私は諦めて慌てて転職活動を始めた。そんな頃、ようやくA氏から連絡が入った。「悪かったな。事情はまたゆっくり説明するが、政治家の秘書兼運転手ならすぐに世話できる。月収は三十万円、元閣僚や」

いつになるか分からない三十万円の仕事を待つより、目先の二十万円のほうが欲しかった。私はビルメンテナンス会社の清掃部門のエリアマネージャーに転職が決まり、慌ただしく職場を移った。A氏とは今も良好な関係が続いているが、当時のことをまったく悪気なく思っているところがすごい。

以降、私にとってベネズエラは消化しきれないものになっていた。それから三年が経ち、件の会社に勤めながら私はようやくこれまでの南米体験を本にする機会を得た。と同時に会社を退職し、三年越しにようやくベネズエラ行きの切符を手にしたのだった。

おりしもベネズエラに関する報道は日本でも増していた。

曰く、食糧と薬がなく一般市民が路上のゴミ箱を漁っている。曰く、ベネズエラは痩せ細った人ばかりで飢え死ぬ人が続出している。曰く、略奪と殺人が横行して無法地帯になっている。曰く、インフレ率が一六〇万％に達して現地通貨のボリバルは価値を失い経済は破綻。その結果、四〇〇万人もの人々が国を脱出している——

とはいえ、ベネズエラのプロサッカーリーグはこうした影響で試合の延期はあるもののリーグ戦の中断は一九五七年のリーグ設立以来、一度もない。四〇〇万人もの人々が国外に脱出して無法地帯になっているのであれば、サッカーどころの話ではないのではないか。

いったいどうなっているのだろう——。

ベネズエラとの国境沿いのコロンビアのククタは人口約七十五万人の熱帯の街である。ベネズエラとコロンビアを結ぶ大動脈であり、コロンビアに住むベネズエラ移民約一六三万人のうち約九万二〇〇〇人が住んでいる（二〇一九年十月三十一日時点。コロンビア地方紙「ラ・オピニオン」二〇一九年十二月二十四日）。

私は窓もない小さな部屋でベネズエラ行きの方策を練っていた。マルセイロの線が消えた今、一人で行くべきか、それともククタで相棒となる協力者を探すべきか。一人での入国はなるべく避けたかった。

そのとき、ふと、ベッドの上に投げ出してあるコロンビアのタブロイド紙「キューボ」

のククタ版に目が止まった。三行広告に「ベネズエラ行きの記者アシスタント募集」という広告を出してみようかと思いついたのである。私は慌てて三行広告ページを捲った。《ライブチャットレディ募集。十八歳〜三十五歳までの容姿端麗なカリスマ的な女性求む。月給は約六万六千円》などのお色系が多いなか、保険外交員やペンキ職人の募集もある。私は早速、広告局に電話を入れて用件を告げた。

「個人ですか？　法人ですか？　まずは来社してシートに記入して下さい。そのうえで審査します」

次いで「侍や」の高橋社長に電話を入れた。

「おお北澤君、マルセイロの実家の件は本人から聞いたよ。受け入れてもらえないみたいだね。彼の実家はリスクを背負いたくないんだよ。ベネズエラはそれだけ治安が悪いということだ」

一九四三年能代市生まれの高橋社長は、千葉工業大学を卒業後、地方公務員を経て一九六八年より世界各地を放浪。カリフォルニアの日本食レストラン「米田レストラン」で米田邦夫（辻調理師専門学校名誉講師）の薫陶を受けたのちの一九七七年に「侍や」を創業。在コ

高橋弘昌社長（右）と料理人のマルセイロ（真ん中）

ロンビア四十四年、コロンビアの日本社会の生き字引的な存在である。

「その件ですが、一人で行くのはやっぱり怖いので、ククタでコーディネーターを探そうと思っています。例えば三行広告で募集するなんてどうでしょうか」

「一見は怖いから止めたほうがいいよ。個人で広告を打つなんて金もかかるし、そもそも君はコロンビアの身分証なんてないしパスポートしかないんだから相手にしてくれないと思うよ。マルセイロから報告を受けたあと、俺はすぐにハイロに連絡を取った。北澤君はハイロを知ってるんだっけ？あいつは十年近くベネズエラに住んでいたことがある」

ボゴタ生まれのコロンビア人のハイロは十三歳から「侍や」の門を叩き、以降、コロンビアとベネズエラの日本食レストランを転々としてシェフとして活躍。現在はボゴタの日本食レストランの店長になっている。

高橋社長は続けた。

「ハイロに北澤君の受け入れ先を探してくれと頼んでおいた。ただ、あいつも治安のことをしきりに気にしていた。日本人を泊めさせるのはリスクがあるんじゃないか、とね。だから第二、第三のプランも考えておいたほうがいいよ。三行広告に俺は反対だけど、話を進めてみれば違う展開が開けてくるかもしれないから、いろいろチャレンジしてみたら」

続いて私はボゴタ在住の平入誠にメールを打った。《ククタでベネズエラ行きの相棒を探すことになったのですが、ククタ界隈に知り会いはいませんか？》と。在コロンビア十四年の平入は一九七三年静岡県生まれ。ボゴタで日本茶の販売をおこなう会社経営者、スペイン語の通訳士、俳優としても活躍している。返信はすぐに来た。

「ククタの新聞記者に知り会いがいます。コンタクトを取ってみます」

さすがだ。彼はコロンビア国内に幅広いネットワークを持つ。数分も経たないうちにククタに本社がある地方紙「ラ・オピニオン」のヘイデル記者の携帯番号が平入から送られてきた。多忙な身であるにも関わらず、レスポンスが早くてびっくりする。

早速ヘイデル記者に電話して用件を告げると、「分かりました。あなたのベネズエラ行きには若い記者を付けます。すぐにあなたの携帯に連絡をさせます」と言い、電話を切ってしばらくすると、あっというまに若い記者から連絡が入った。

「もしもし、こちら、ラ・オピニオンのフリオ・パティニョです。今、ククタにいるんですよね。どちらのホテルですか？　僕もベネズエラに興味があります。明日、会いませんか？」

二、

コロンビアでもっとも有名なカフェチェーンの「ファン・バルデス・カフェ」で私たちは向き合っている。二十七歳のフリオ・パティニョ記者は入社五年目、現在は主に事件も

ジョバニ（左）とフリオ（右）

のを担当しているという。色白の大きな丸顔と肉付きの良い頬が印象的だ。会話の節々にマリカ（おかま）という言葉を連発して挟む。コロンビアや周辺国の若者たち特有の流行言葉だ。

「ラ・オピニオン」は一九六〇年創業、ククタを擁するノルテ・デ・サンタンデール県最大の地方紙である。もう一人のエドガル・ジョバニは三十歳、小柄で髪毛は天然パーマ系、眼鏡が似合う優男風である。彼はフリオの友人のフリージャーナリストで、国立フランシスコ・パウラ・サンタンデール大学ジャーナリズム学科の講師でもある。

店内から二〇一七年にラテンアメリカで

大ヒットしたプエルトリコ人のミュージシャン、ルイス・フォンシの曲「デスパシート」が流れ始めると、フリオは体を揺らして肩でリズムを取り始めた。しばらくして運ばれてきたミルク入りのコーヒー「カフェ・コンレチェ」に各々が口を付けて一息つくと、フリオが砕けた口調で口火を切った。

「僕らもベネズエラに興味があるんだ。人々は食料がなくゴミ箱を漁り、インフラは度々ストップする。子供は飢えてろくに教育も受けられない。最低賃金は月額七ドルや八ドルで生活は苦しく多くがコロンビアを筆頭に国外に脱出している。ククタは彼らにとって国外への入口だから、ここにはたくさんのベネズエラ人がいる」

フリオは窓のほうに向かって指をさした。日中の荒々しい日射しが降るなか、店の前の道路ではスクイジーとペットボトルを持った男たちが、車のフロントガラスに水をかけてすかさずガラスを引いている。そしてわずかな小銭をもらうのである。

「ククタにはたくさんのベネズエラ人がいるのに、僕はベネズエラを知らない。僕の両親はコロンビア人だが僕はベネズエラ生まれで二歳のときにコロンビアに来ている。だから身分証は持っているけど、大人になってからは行ったことがない」

ジョバニが割って入ってくる。

「僕もベネズエラに親戚はいるけど、行ったことはなく興味はあった。大学のジャーナリズム学科で講師をしているので、学生たちに話すネタにもなる。ちょうど良い機会だから一緒に行きたい。ただし、ずいぶん危険なのは知ってるよね？」

私が頷くと、フリオが話を引き取った。

「食料を巡る略奪があり、追いはぎ強盗が跋扈している。それに何と言っても怖いのはコレクティーボだ」

フリオは最後だけ言葉を弱めて周囲をうかがった。

日本の「外務省／海外安全ホームページ／ベネズエラ編／二〇一九年三月十一日更新」に説明がある。

《コレクティーボとは、元々は、一九七〇年代に主に貧困地区において、福祉活動や治安維持を担うため結成された自警団組織が、その後、麻薬取引、誘拐、人身売買等により暴力組織として変貌したものです。（中略）政府から金銭や武器等の供給を受け、野党系の議員や集会・デモ等に参加している反政府支持者に対して集団で暴行に及んだり、時には、

拳銃等を発砲する等、極めて危険な暴力行為を繰り返しています》

　フリオが声を潜めた。

「僕らはジャーナリストとして行くわけだから、反政府側と見なされて目を付けられる可能性がある。怖いのは彼らによる暴力ではなく、難癖を付けられて刑務所に入れられることだ。これは何としても避けないと」

「ジャーナリストと名乗るのか？　旅行者と名乗ればいいじゃないか」とジョバニが水を向ける。

「しかし、写真を撮ったりインタビューをすればおかしいと思われるだろう。だったら最初から名乗っていたほうが状況によっては優位になる。トヨオ、君は一丸レフなど大きなカメラを持って行くつもりか？」

「小さいのを二つ持って来ている。その点については僕も考えていた。僕はサッカーや野球の試合も見たいと思っている。サッカーについては日本でも記事を書いている。だから、国境の入国審査や職質など公的な場所ではスポーツジャーナリストと名乗るのはどうだろう」

フリオが大きく頷いた。

「それは妙案だ。僕もサッカーの記事を手がけることがある。ベネズエラサッカー一部リーグの試合日程を頭に入れておこう。入国審査や職質ですぐに答えられるようにしておくんだ。プレスカードは持っているのか？」

「いや、僕は実績が少ないから取得するのは難しいんだ。取材者であることを客観的に証明するものは何もない」

「それでいい。僕も記者証は持っていかないつもりだ。僕らはあくまでも、日本のスポーツジャーナリストのトヨオ・キタザワのガイドということにしておく。さて、肝心のベネズエラ行きの具体的なプランはどうしようか。ベネズエラには何日ぐらい滞在したい？

僕らもスケジュールがある」

「三週間。ククタから陸路で入国し、メリダ、首都カラカス、シウダボリバル、ブラジル国境までバスで行き、同じルートをまた戻ってくる。つまり、コロンビアとの国境からブラジルとの国境までベネズエラ大陸を横断するかたちだ」

二人は顔を見合わせた。メリダはベネズエラ西部の中都市で避暑地として国内の観光客も少なくない。シウダ・ボリバルはベネズエラ東部の中核都市で、世界最大の落差を誇る滝として有名なエンジェルフォールの拠点にもなる場所だ。このルートは日本でいえばさしずめ本州を往復するようなものである。

「僕は大学の講義が週に一回あるから、付き合えるのはカラカスまでかな」

ジョバニはそう言ってフリオを促した。

「僕はヘイデル記者から言われていて会社公認のようなものだからね。日本人のジャーナリストのアテンドということで、ある意味、仕事だから最後まで付き合うよ」

フリオは実はインターンの記者である。コロンビアやベネズエラの新卒の就職は日本のように四月に一斉入社ではない。インターンとして三、四年経験を積んだ上でようやく就職活動という土俵に乗ることができる。マスコミにはとくにこのインターン記者が多い。

午後の二時を過ぎて、店内は閑散としてきた。窓の外は熱帯地域の暑熱が漂っているが、店内はほどよい空調が効いている。

「あと、大きな問題はお金の扱いだ」

ジョバニがそう言うと、フリオが「そうそう、その件ね」とスマホをいじり始めながら

ベネズエラ通貨のボリバル・ソベラノ

言う。

「いま姉にワッツアップを送っている。彼女はベネズエラのシウダ・ボリバルに住んでいたことがあるから、ベネズエラのデイビットカードを持っているはずだ。ベネズエラ通貨のボリバルは、例えばだけど、十ドルで紙幣が一〇〇枚とかになるんだよ。そんな現金はポケットに入らない。ただ、タクシー代とか小さな店での買い物には現金が必要になるだろうから、トヨオもククタでドルをボリバルに両替しておいたほうがいいな」

頷いてから、私は尋ねた。

「それにしても、ベネズエラは、なぜこん

な状況になっていると思う？　なぜ食料がないんだろう？」

フリオがスマホから顔を上げて強く見つめてきた。

「政治の失敗じゃないかな。チャベス時代から反米路線の外交と社会政策ばかりに目を向けて国内の産業を伸ばそうという意思がないんだ。それじゃあ経済は伸びない」

それに石油だ、とジョバニが大学の講師らしく冷静に付け加える。

「石油に頼りすぎているんだ。そしてその石油が今年一月、アメリカからの経済制裁によりアメリカへの輸出が禁じられてしまった。外貨の大半を失ってドルを稼げず国内の経済が冷え込んだのが大きな原因だ。とにかく、見に行ってみよう」

そのほか私たちは細々とした打ち合わせをした。出発は四、五日後の予定でその前にもう一度会って具体的なことを詰めようということになったのだった。

四日後――。

私たちは「ラ・オピニオン」本社の近くにある地元の軽食屋で顔を合わせた。十字路の角の店で壁はなく外から丸見えの店である。天井の扇風機が轟音を響かせ、ストローや紙ナプキンがモルタルの床面を舞っている。私たちはコカコーラの一、五リットルを注文し

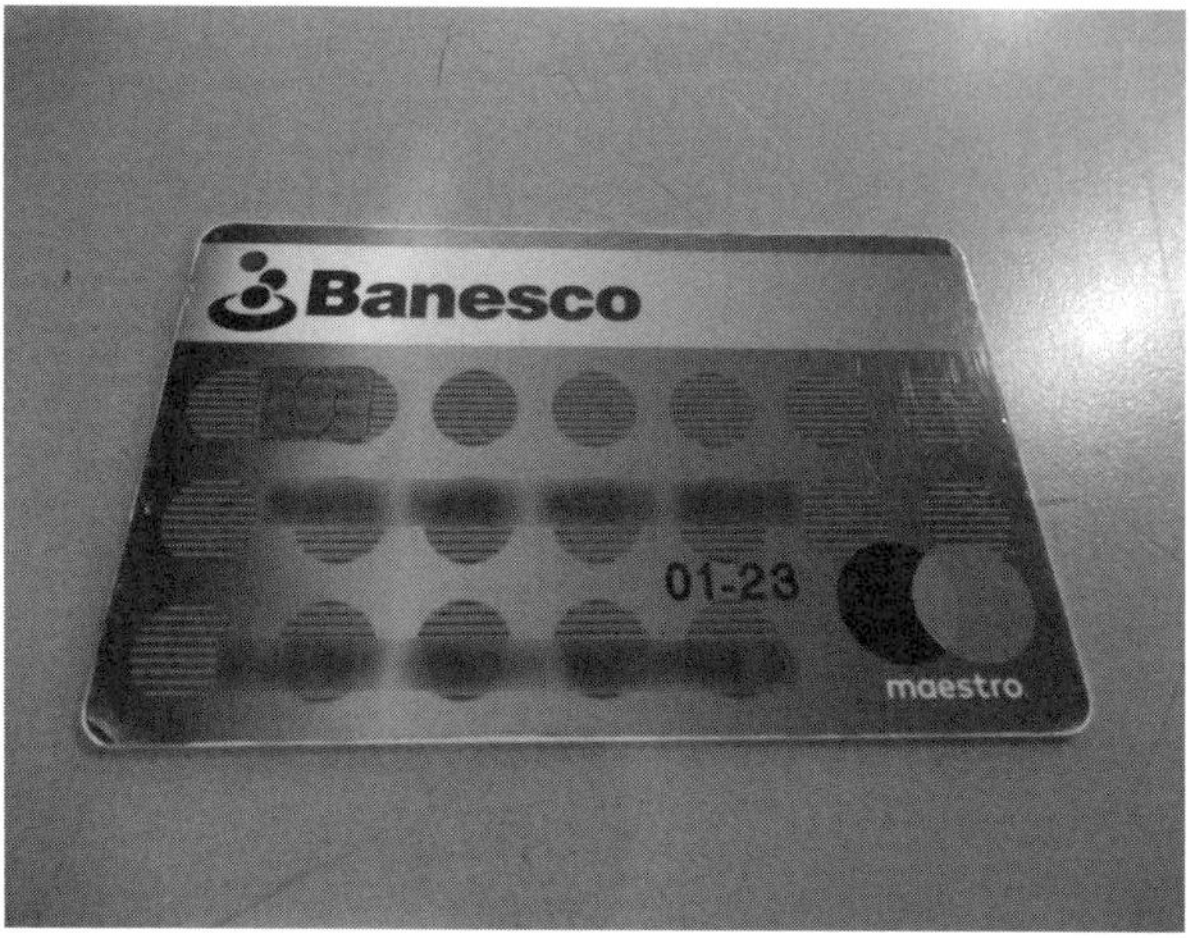

ベネズエラの都市銀行バンエスコのデイビットカード

て話を進めている。

「姉から借りたカードはこれだ。このあとここに三人分のお金を入れよう。これがあるとベネズエラでは行動しやすい」

　ベネズエラの都市銀行「バンエスコ」のデイビットカードである。

「これは具体的にどうやって使うの？」と私は尋ねた。

「店員に渡して端末機で読み込んでもらうわけだけど、その際、姉のベネズエラの身分証の番号と暗証番号が必要になる。ちゃんと確認しておいたから大丈夫だ。姉によれば、タクシーや小さな雑貨屋でも使えるところがあるらしい。ところで、パスポートは持って来たか？」

私は頷いた。出発は明日に決まったが、出国スタンプは前日、つまりこれから先に押してしまおうと言うのである。明日、荷物を抱えて出国スタンプを押す手間を省くためだ。ジョバニも同様にパスポートへの出国スタンプが必要だが、フリオはベネズエラの身分証があるから必要ない。

日中の店内は扇風機だけでは暑く、私はコーラを立て続けに呷った。フリオは今後のプランを一通り説明した。

「まず、これから《カサ・デ・カンビオ（両替所）》でデイビットカードに三人分のお金を入れる。そして出入国管理局のあるコロンビア側の町『ラ・パラダ（La Palada）』で二人はコロンビアの出国スタンプを押す。その足で目の前のベネズエラ領サンアントニオ（San Antonio）に行き入国スタンプを押して引き返してくるんだ。明日は朝六時にトヨオをホテルに向かいに行き、我々は僕の従兄弟が運転する車でベネズエラ手前に行く。ただし、ラ・パラダの真向かいにあるベネズエラ領のサンアントニオからは入国しない。ククタから北へ約五十キロほど、コロンビア領の『プエルト・サンタンデール』（Puerto Sntander）の向かいのベネズエラ領『ボカ・デ・グリータ』(Boca de Grita)から入国する。ベネズエラ領の手前まで車で行けるし、外国人のパスポートに入出国のスタンプを押す機能がない国境事務所だから人が少ないいんだ」

私がノートに予定を書き終わるのを確認すると、フリオが席を立った。

「行こう」

「ラ・オピニオン」の前に路駐してあったフリオの車で両替所に行き、その足で国境のラ・パラダに向かった。ククタ市街からはおよそ二十分弱。国境に近付くにつれて人の群れが増えてあたりが騒然としてきた。

雲ひとつない青い空から、明るい陽光が矢のように射し込んでいる。地上に反射した光の渦は行き場をなくし、陽炎のように揺らめいている。大きな荷物を担いだ人の波に囲まれて車は動けなくなり、荷車を引いた人足たちが汗を払いながらここぞとばかりに車のサイドガラスを叩いてくる。ベネズエラ領まで荷物を運ぶ「マレテロ」と呼ばれる男たちだ。

「俺たちに荷物を運ばせろ」と合図を寄こしているのである。

三十分ぐらいでそんな状態を脱して駐車場に車を停めて降りると、ねっとりとした熱風と濁った空気が一緒くたになってまとわりついてきた。

「国境は騒がしく暑いだろう」

ジョバニがサングラスをかけて私を促した。フリオは車で待機することになり、私たちは人混みを掻き分けるようにしてコロンビアの出入国管理局を目指した。

物売りと人足の迫力のある呼び込みの声が響くなか、両国を往来する商人たちが大量の荷物を抱えて行き交っている。その中を生気のない痩せ細った母子がコロンビア側に向って歩いてくる。ベネズエラからの移民、というより、もはや難民だろう。続いてベネズエラ側から来た人足が担いでいた麻袋を落としそうになり、中から黒いものが零れてきて私はぎょっとしてジョバニの腰を摑んだ。

「髪毛だよ、髪毛。売る物がないベネズエラ人は髪毛を売るんだ。カツラ用にね」

ここはまさに、ベネズエラから出国してくる人たちの最前線だった。

やがて出入国管理局が見えてくると、ジョバニは足を止めた。外国人用のゲートには人の列が一キロほど並んでいる。一方、コロンビア人用のゲートは三、四人しか並んでいない。

ラ・パラダとサンアントニオの国境

「トヨオもこっちに来るんだ。試してみよう」

はたしてジョバニの目論見通り、コロンビア人用の窓口であっさりと出国スタンプを押すことができた。続いてベネズエラの入国スタンプである。

私たちは黒山の人だかりが続く両国を結ぶシモン・ボリバル橋（Puente Simon Bolivar）をゆっくり渡って行った。夕方近くになっても衰えない光が地上を張りつめていて、首筋から汗が滴っていく。人と人がぶつかり合い、人々の怒声と哄笑と苛立ちの中をようやく抜けると、サンアントニオの出入国管理局には四、五人が並んでいるだけだった。

入国スタンプは問題なくすぐに押された。ほっとしつつも、私たちは踵を返して混雑の海の中に再び潜って行った。会話もなく黙々と歩いて車に戻ったときには、空は薄暮を示す蒼味を帯びた色に包まれていた。

フリオが前日にこの手続きを済ませることを推した理由がよく分かった。小旅行用の荷物を抱えながらこの混雑を抜けるのは危険なのだ。車に乗り込むと、どっと疲れが押し寄せてきた。

翌日は空がうすく曇っていた。私たちを乗せた車はククタ郊外へ連なる幹線道路を走っている。眠い目を擦るジョバニは次週の大学の講義の準備や経済誌への寄稿でほとんど寝ていないという。一方フリオはまるで遠足でも行くような気分で浮かれており、アメリカのサルサ系ラテン歌手のマーク・アンソニーの「ヴィヴィール・ミ・ビダ」が車内に流れ始めるとハイテンションになって歌い始めている。

気さくなフリオは私のことを「トニート」と呼ぶようになっていた。初対面から打ち解けた調子だけに私は安心している。

しだいに国境が近づくにつれて、フリオは助手席から後ろを振り向いて尋ねてきた。

「トニート、怖いか？」

「もちろん怖いさ」

前出の平入は「コロンビア人の商人から聞いた話だけど」と前置きした上で、こんなことを言っている。

「ベネズエラに行くコロンビア人の商人、十人中六人が帰って来ないようです」

「侍や」の高橋社長は、メキシコ人のドキュメンタリー作家でユーチューバーのルイシート・コムニカ（Luisito Comunica）を引き合いに出してこう言った。

「彼がベネズエラに取材に行く番組があるんだけど、初日にもう襲われているんだよ。世界中まわっている彼でさえそうなんだから、悪いけど北澤君は何かしらの被害に遭うと思うよ。そのつもりで」

フリオは前を向いて「俺も怖いよ」と呟いてから続けた。

「日本でベネズエラのことがどう報道されているか知らないけど、コロンビアは隣の国だからね。僕は事件取材を手がけているけど、ベネズエラ人による犯罪は日常茶飯事だ。コロンビアの麻薬組織やゲリラもベネズエラに流れているし、国境は無法地帯で軍や警察が自由に賄賂を取っているらしい。このあとメリダへ行くまでの検問でそれらしき素振りをしてきたら大人しく払おう。そうじゃないと適当な容疑で拘留される可能性がある。怖いのは一般の強盗や追い剝ぎではなく、軍や警察、それにコレクティーボだ。警察や軍の目が効かない場所では武装したコレクティーボがいきなり襲ってきたりもするようだ。とにかく大人しくしたほうが得策だ」

私はふいに、漫画『北斗の拳』や映画『マッドマックス』シリーズに近い荒廃した世界を想像してぐっと生唾を飲み込んだ。この先には一体どんな世界が待ち受けているのだろうか――。

前方の両脇にマーケットがぽつりぽつりと現れてくると、荷車を引いた人足や大きな荷物を抱えた商人が一気に増えてきた。が、昨日の激しい喧噪を体験しているせいか驚きはなかった。昨日に比べれば小規模だし時間帯も早い。国境のコロンビア側、プエルト・サンタンデールだ。

目の前に両国を結ぶウニオン橋（Puente Union）が見えると、フリオが「ここで降りるぞ。

プエルト・サンタンデールとボカ・デ・グリータの国境

よそ見せずに橋を渡ろう」と合図をかけた。

あたりには、人足たちによる呼び込みの「マレタ、マレタ（荷物）」と言う声とコーヒーを売る「カフェ、カフェ」と言う声が聞こえている。私は二人の後について身を竦めながら駆け足で歩いている。

やがてベネズエラ側の橋の袂につくと、迷彩服姿の軍人が両脇に四、五人立って目についた者を呼び止めていた。一人目、二人目、三人目とも何も言われず通過すると、四人目の背の高い白人の軍人が「チノ！（中国人）」と鋭く呼びつけた。目が合うと人差し指を折ってぐんぐん近づいてくる。

「中国人か？　パスポートを出せ」

「日本人です」と答えてパスポートを渡すと、男は獲物を見つけたようにニヤリと笑って手首を押さえる仕草をした。

「日本人だと？　逮捕しちゃうぞ」

いたずらっぽくそう言うと、後ろを振り向いて他の軍人に「おーい、ちょっと来てくれ。日本人がいるぞ」と声をかけた。

三、

橋の袂付近が検問になっており、四、五人の軍人が目を光らせていた。そこから五十メートルほど先に国境管理のボカ・デ・グリータ事務所があり、その中間に物置のような白い建物がある。建物の前には大きな机があり、怪しげな人物の荷物チェックをおこなう。二人の軍人が私の荷物チェックを始めた。「逮捕しちゃうぞ」とおどけて見せた男はどこかへ行ってしまった。屈強そうな浅黒い軍人が質問してくる。

「仕事は？」

「スポーツ記者です」

一瞬、警戒を深めたような顔をした。

「ベネズエラには何をしに来た？」

「サッカーの取材と観光です」

「いつの試合だ？」

「八月十八日にメリダでおこなわれるエストゥディアンテス対アラグアです」

納得したような顔を見せると、うしろで心配そうに見守っているフリオとジョバニのほうに向かって顎をしゃっくって見せた。

「二人との関係は？」

「ボゴタで会社を経営している日本人の紹介で知り合いました。彼らは僕のガイドでスポーツ記者のフリオと大学講師のジョバニです」

さっきまで曇っていた空は徐々に明るみを増し、少しずつ気温が上がってきている。が、私はその気温以上の汗を掻き始めていた。

軍人は二人のほうを向いて彼らにも一通りの質問をしながら同時に荷物を見ている。そのときだった。ボストンバッグの内ポケットから印鑑を取り出し、高々と上げて見せた。日本から持って来た銀行印だった。

「これは何だ」

「サインに使う。自分の名前が彫られている」

今年の七月に日本を出国するに際して私は東京のアパートを引き払ったが、実家はなく両親兄弟もおらず中南米に住む可能性もあったため全財産を持たざるを得ない状況になっている。が、免許証や予備のクレジットカードなどは「侍や」に預けている。だが銀行印だけはうっかり内ポケットに入れたままになっていたのだ。

軍人は要領を得ない様子で、匂いを嗅いだりして吟味している。やがて一人では手に負えないといった感じでもう一人に手渡している。おそらく初めて見るのだろう。さらに彼らは私が日本から持って来たポケットティッシュの中身も取り出して匂いを嗅いでいる。

一通り終わると、なぜか印鑑とUSBメモリーだけは「少し預かる」と言われ、次いでフリオの番になり、ジョバニが終わると今度は件の白い建物の中で身体検査が始まった。

ジョバニ、フリオが終わり私がおずおずと入って行くと、小柄な軍人が事務的に「ポケットの中身をすべて出して、ズボンと靴と靴下を脱いで」と促した。簡素な木製のテーブルと椅子のほかに、清掃道具があるだけの部屋だった。

ポケットの中身の小銭と携帯電話を机の上に置いて言われた通りにすると、彼は靴の中と靴下の中をよく確認し、問題ないことが分かると「これで終わりだ。服を着て外に」と言い残して出て行った。意外と簡単でほっとしながら外に出ると、二人が私のバッグを持って待っていた。しかし、まだパスポートと印鑑とUSBメモリーは返してもらえていない。

フリオが代表して軍人たちに二人のパスポートと私の小物を要求した。

だが最初に私たちを尋問した浅黒い軍人は私たちに手のひらを向けたまま少し距離を置いて無線機で何やら話している。相手は上司だろう、甲高い怒声のような声が漏れてきているのが分かる。しばらくして話が終わると彼は近づいてきて無表情のまま告げてきた。

「コマンダンテ（上官）がお前たちに会うそうだ。事務所で三人別々にインタビューだ」

私たちは顔を見合わせて溜め息をついた。

国境管理のボカ・デ・グリータ事務所は青を基調にした二階建てコンクリート造りの建

物だ。

私たちは一般用とは別の鉄格扉から中に入り、奥まで続く赤色の床を通って外階段を登った。目の前の踊り場に見張りらしき軍人とパイプ椅子が二つ。私とフリオがそこで待機し、ジョバニが二階の奥の部屋に消えた。各自、携帯電話とカメラとＵＳＢメモリーを没収された。

急にステーキがフライパンの上で弾ける音と香ばしい匂いが漂ってきた。踊り場の外側は腰の高さほどの転落防止壁があるだけなので、私は顔を出して隣の部屋を覗き込んだ。白い頭巾を被った女性の横顔と調理用の器具が見えた。おそらく軍人たちに出す食事だろう。

およそ三十分後にジョバニが姿を現したが、別の場所で待機するように命じられ、今度は私の番になった。

扉は開いていた。中にはカーキ色の軍服を着た軍人が二人。艶のある赤銅色の机のうしろに座っているのがコマンダンテだろう、口髭はガイゼル髭風で胸には勲章か階級章らしき略綬を付けている。もう一人は机の前のパイプ椅子に座る若い軍人である。コマンダンテは私の上から下までを油断ない目でチェックすると椅子を勧め、「自己紹介とベネズエラ入国の目的を教えてくれ」と嗄れた声で言った。

私は日本のスポーツ記者でサッカーの取材と観光目的で入国する趣旨を告げた。机の上にはパスポートとクレジットカードと日本の「はんこやさん21」で作ったラミネート加工のスペイン語表記の身分証と銀行印とカメラと携帯電話二台とUSBメモリー二本がある。私の属性を証明するすべてだった。スペイン語表記の身分証はそれらしく勝手に作ったもので、「フリージャーナリスト」と表記されている。

一通りの紹介が終わると、コマンダンテはスペイン語の身分証を私の目の前に翳して口を開いた。

「社名が入った記者証はないのか？　アサヒとか」

朝日新聞を知っているらしい。室内はエアコンが微かに効いていて丁度よい。

「フリーなのでそれしかないです」

「それなら、スマホのパスワードロックを解除してワッツアップを見せてくれないか？」

言われた通りに解除すると、若い軍人が手に取ってトーク履歴をチェックし始めた。コマンダンテは続けた。

「ベネズエラは初めて?」

「二度目です。二〇一一年十月に観光で訪れています」

「どこで何をしていた?」

「カラカスで博物館や美術館を回っていました」

首都カラカスにも二日ほど滞在したが、本当はコロンビアとの国境のユッパ民族という一〇〇人ほどの先住民の村への滞在がメインだった。当時、国境のコロンビア側は「コロンビア民族解放軍(ELN)」という左翼ゲリラ組織のプレゼンスが強く、彼らに村を追われた農民たちがベネズエラに逃げていた。そのひとつのルートの終着点がスリア州のトロモ村(Toromo)で、私はベネズエラへ流れていくコロンビア難民を取材していたのである。が、それから十年の歳月を経て今度はベネズエラからコロンビアに人々が流入するようになった。逆転現象が始まったのである。

「スペイン語はどこで習った?」

「その頃、ボゴタの日本食レストランで働いていました」

「店の名前と住所と電話番号は?」

すらすら答えると、コマンダンテは納得したように深く頷いた。そして、今度はパスポートを捲って何かを探し始めた。ややあって、パスポートの該当ページをこちらに向けると、いよいよ本題に入るといった感じで顔をぐっと近づけて声音を変えた。

「君は二〇一九年の七月五日に日本からコロンビアに入国した。しかし今日は八月十六日だ。その間、どこで何をしていたんだ?」

私はすぐに答えた。

「コロンビアのカリ市で日系移民の取材をしていました。《コロンビア・日本協会》にいました」

終戦記念日に合わせて太平洋戦争中の日系社会を取材し記事にしたばかりだった。

「その写真はここにあるか?」

私は頷いて、ここぞとばかりにカメラを手にしてページを捲っていった。まるで自分の無罪を証明するかのような気分だった。「コロンビア・日本協会」のロゴが入った建物の写真が見つかった。そのほかはサッカーの写真が多く、いつのまにか一緒に写真を見ていた若い軍人が「これはウィルケル・ファリニェスじゃないか」と声を上げた。コロンビアサッカー一部リーグの名門「ミジョナリオス」に所属する二十一歳のベネズエラ人ゴールキーパーで、二〇一九年開催のコパアメリカ（南米選手権）ではベネズエラ代表として活躍した。ベネズエラは野球の盛んな国だが、ここを含むコロンビア側に近い県はサッカーも盛んなのだ。

私と若い軍人がサッカーの話をし始めるとコマンダンテは手を振って表情をゆるめた。

「分かった。分かった。カメラはもういい。最後にUSBメモリーを一緒に見たい」

ここからはもうほとんど形式的なチェックだった。若い軍人がパソコンを操作しながら三人でファイルの中を見ていった。大半が日本語の文書なので彼らも途中で飽きてきたらしく、コマンダンテは欠伸をかみ殺していた。が、このとき私は気が付かなかったのだが、あとで確認したら半分近くのファイルが消えていたのである。

「もういい。終わりにしよう。書類にサインしたら行っていいぞ」

虚を突かれて、私は目を見開いた。

「書類とは？」

「彼がさっきから作ってるよ。ほら」

二人で彼のほうを見た。そういえば若い軍人はおりにつけて走り書きのようなことをしていた。議事録ではなかったのか。

「内容は？」

「日本人スポーツ記者のトヨオ・キタザワはサッカーの取材と観光で入国。それ以外の取材活動はおこなわないという誓約書だ」

私は唖然としてコマンダンテを見つめた。胸の動悸が昂ぶり始めた。そんなものにサインして大丈夫だろうか――。不意に私は大学時代に受講した映画論の担当教授で映画監督、ノンフィクション作家としても活躍した吉松安弘の代表作『バグダッド憂囚――商社マン・獄中の六〇八日』（新潮社）を思い出した。一九八一年にバクダッドで収賄の容疑で拘留された日本人商社マンが、アラビア語で書かれた書面にサインを強要され、後日それが自白調書だったことが判明した事件だ。

若い軍人が筆を置いた。

コマンダンテが奪うようにして確認し始めた。

室内はエアコンが効いているはずなのに、私の額からは汗が滲み始めている。

このまま入国するのは危険ではないか。今ならまだ引き返せる。スポーツ記者などと名乗るべきではなかった。旅行者と名乗っておけばすんなり入国できたのではないか。どうすればいいだろう。私は激しく逡巡している。

コマンダンテはしかし、私の動揺とは裏腹に淡々と書面を寄こして告げた。

「いいんじゃないかな、これで。さあ、ここにサインを」

「………」

長い文章ではない。簡単に直訳すると《日本人スポーツ記者のトヨオ・キタザワはサッカーの取材と観光のためにベネズエラに入国。同行者はコロンビア人ジャーナリストのフリオ・パティニョとエドガル・ジョバニで彼らはトヨオ・キタザワを×××任せている。トヨオ・キタザワは麻薬や武器を運んでいないがバッグを×××三つ持って自由だ。彼はメリダにサッカーの取材に行き、×××政治ではない。二〇一九年八月十六日》

「どうした?」

「すべて理解できない。フリオとジョバニに相談したい」

要約すると《彼は麻薬や武器の密輸はおこなっておらず、政治的な取材活動もしない》という文章だと思うが分からない単語もあり不安なのだ。迂闊にサインすべきではない。

「ダメだ。これは私たちと君の問題だ。何が分からないのだ」

若い軍人が「これは一般的な書類だから心配ないよ」と急に割って入ってきたが、心配して言ってくれているのか、実は塡めようとしているのか、そのあたりの温度差が読めないのだ。

私は俯いて沈黙した。するしかなかったのである。

エアコンの送風ファンが軋むような音を立てている。

近くで工事でもしているのか、槌音のようなものも聞こえている。

それからどれくらい時間が経っただろうか。

若い軍人が痺れを切らして立ち上がり、「問題ない。大丈夫だ」と言ったのと、コマンダンテの野太い一声はほぼ同時だった。

「仕方ない、呼んでやれ」

若い軍人が飛ぶように外に出ていくと、すぐに天然パーマ系の小柄な男が入って来た。

ジョバニの顔を見たら緊張の糸が一気に解けたような気がした。

ジョバニは立ちながら書面に目を通すと、私の肩に手を当てて言った。

「トヨオ、問題ないよ。大丈夫だ。さあこれにサインして部屋を出よう」

ジョバニの優しい声に背中を押されてサインすると、私たちは机の上の小物類を持って外に出た。通路にいた軍人がフリオを呼び、私たちはその通路奥のパイプ椅子に腰を降ろした。一時間ほどのインタビューだった。軍人たちは予想とは裏腹に高圧的ではなかったが、書類のサインという緊張感から解放されて私はほっとして肩の力を抜いた。

「大丈夫か？」とジョバニが心配そうな顔を向ける。

「大丈夫。サインが怖かったんだ。ジョバニはしたの？」

「書類を渡されていない。サインは君だけだと思う。でもあれは心配しなくて大丈夫だ。オフィシャルな用紙じゃないし、密輸には関わっていなし、サッカーを取材するという内容だ。心配ない」

私は頷いて、目を閉じた。いつのまにか十三時を回っていた。通路は外に面しており、腰の高さほどの転落防止壁の上から斜光が射し込んでいた。背中に微かに汗が滲んできた。

およそ三十分後にフリオが出てきた。私たちを確認すると一瞬ほくそ笑み、「行こう」と声を強めた。移民局を出ると、私たちは目を細めながら広場のほうに向かった。フリオがメリダ行きのタクシー運転手を事前に手配していた。しかし時間は大幅に遅れている。大丈夫だろうかと思っていると、携帯でやり取りしているフリオが前に向かって大きく手を振った。

やがてマツダの青のＳＵＶが近づいてくると、私たちは周囲を確認しながら慌てて乗り込んだ。

四、

「トニート、起きろ。もうじきメリダだ」

フリオの声で目を覚ました。一瞬、体に寒気を覚えた。両脇の窓の外に交互に目をやると、鉱山のような禿げ山が連なっている。私はボストンバッグから長袖のネルシャツを取り出してＴシャツの上から羽織った。

ククタからおよそ一七〇キロ。ベネズエラ西部の中都市メリダ州の州都メリダは人口約三十万人、アンデス山脈に抱かれた標高約一六〇〇メートルの盆地である。

ここまで軍の検問が四回あった。いずれも形式的なものだったが、うち一回はカメラの撮影履歴のチェックがあり三十分ほど時間を取られている。が、フリオが心配していた賄賂の要求などはなく無事に通過できている。

落日の白っぽい残光が空の上半分を漂い流れている。道はしだいに勾配になり、禿げ山がなくなり荒涼とした風景を抜けると街が姿を現した。

「見ろ、ローカルバスだ。乗客が結構乗ってるじゃないか」

フリオがそう言って窓を開けた。

「信号の点灯も付いている。会社帰りのサラリーマンやＯＬが普通に信号待ちをしている。しかもスマホを持って」

そう言ってジョバニも驚きの声を上げた。私も続いた。

「小さな八百屋がある。店頭には野菜や果物がたくさんある」

私たちは次々と感嘆の声を上げ、顔を見合わせ、あるいは訝った。漫画『北斗の拳』や

メリダの街並み

映画『マッドマックス』シリーズを想定していただけに面食らったのだ。

車は運転手の勧めもあってダウンタウンからやや外れた幹線道路沿いの宿の前に駐まった。四階建ての建物の裏にはいつの間にか薄闇に覆われた山の稜線が浮かんでいる。私たちはまだ信用できず用心深くあたりを見回してから宿に入った。

受付には女将と十歳ぐらいの少年がいた。部屋の値段はベッドが三つある一部屋で一泊九万ボリバル・ソベラノ（以下、略称してボリバルと表記）だと言うが、そのときになって私は一ドルがいくらなのかまだ知らないことに気付いた。

あとで分かったことだが、この日は一ドル一万五二五九ボリバル（同日の「モニトル・ドラル・ベネズエラ」ウェブより。以下、レートはすべて同サイトを参照）。日本円で一泊およそ六五〇円だった。

三人分のお金を入れてあるベネズエラの都市銀行「バンエスコ」のデイビットカードを端末機に入れて支払いを済ませた。ただしレシートは発行されないので、決済画面をジョバニがスマホで撮影した。ジョバニがそのままカードを持つ会計係になった。

会計が終わるとフリオが待ちきれない様子で女将に質問した。

「食べる物がなく国民は飢えていると聞いていたが、イメージとずいぶん違いますね」

「そうねえ、食べ物はここ最近はどこにでもあるわ。ただし一般庶民には高いの」

「食べ物がないときはどうしてたのですか？」

女将は顔を顰めた。

「分けてもらったり。メリダは農業が盛んだからまだ何とかなるの。でもカラカスとか都市部の人は大変。だからみんな国を出るの」

「その間、ホテルは営業していたのですか？」

「一日も休んでないわ。あなた何でそんなことを聞くの？　私は忙しいの」

フリオの仕事モードにすっかり警戒した女将はそう言うと後ろを向いて書類などを漁り始めた。フリオが慌てて事情を説明した上で話を変えた。

「ところで、ワイファイは使えますか？」

「停電がなければ使えるよ。聞いてると思うけどこの国は停電が多いからね」

私たちは四階の部屋に上がり旅装を解いた。私は慌ててトイレに駆け込んだ。実は車の中で起こされてから、お腹に違和感があった。しかし、今日は車の中でジョバニの母親が作った「アロス・コンポジョ」（鶏肉チャーハン）を食べただけである。飲み物はコカコーラだけだったはずだ。

トイレにはしかし、トイレットペーパーロールがなかった。三十センチほどの薄いトイレットペーパーを丁寧に畳んだものが三枚、便器脇の洗面の戸棚に三個の石鹼と共に置かれていただけだった。

私たちはしばらくベッドに横たわって休んだのちに、食事を取りに行くことにした。時間は十九時を少し回っていた。女将によれば歩いて七、八分ほどの距離の「アルト・プラド」というショッピングセンターにレストランがあるという。私たちは念のためタクシーを呼んでもらうことにした。

外はすっかり暗闇に包まれていた。宿の両隣に建物はなく目の前は二車線の幹線道路。その向こうにレンガ調の民家やアパートの暖色系の明かりがぽつぽつと見えている。宿の入口の格子扉の前で私たちはそんな景色を眺めているが、車も人通りも少なかった。メリダの夜の風は冷たく、私はネルシャツの上にジャケットを着て首元までファスナーを閉めている。

タクシーが到着して乗り込んだ。行き先を告げると中年の運転手は小さな懐中電灯を口に咥えた。エンジンは剝き出しのケーブルの動線を手動で接触させてかけているのだ。

車がのろのろと幹線道路を走り出して気が付いた。街灯はともっておらず、人家の部屋あかりを頼りにしているようだった。建物と建物の間が遠い閑散とした道路を三分ほど行くと左側に黒々とした四階建てのショッピングセンターが見えた。上のほうだけ点々と明かりがともっていた。

「待ってようか？　食事？」と運転手が聞いてきた。フリオがすかさず答える。

「食事だ。一時間後に来てくれないか」

頷いて、ワッツアップの番号を交換して私たちはあたりを見回しながら車を降りた。目の前に四階建ての横長の建物。一階と四階に微かに電気がついているだけだった。

「一階の店を見てみよう」

フリオに促されて、一階というより半地下に行くと、私たちは驚いた。ガラス張りの中が白色のどぎつい明かりに彩られて種々様々な瓶が眩い光を放っていた。酒屋だった。

メリダの酒屋。ベネズエラ産のポピュラーなラム酒カシーケ

あとで分かったことだが、ベネズエラはラム酒の盛んな国だった。代表的なラム酒の「カシーケ」、「パンペロ」、「ディプロマティコ」が所狭しと並び、そのほか輸入ものの洋酒もずらりと並んでいた。

酒屋の前には着飾った若い男女のグループが四、五人、たむろしていた。そのうち一人の美女と目が合った。透き通るような色の白い肌に、深緑のロングスカート。首元まである白のタートルネックの上に厚手の黒いジャケットを肩で羽織っている。セミロングの金色の髪毛を掻き上げると、微笑を浮かべた。コケティッシュな雰囲気を漂わせて口を開いた。

「あなたたちもディスコテカ（クラブ）が開くのを待っているの？」

ディスコテカ？　私は思わずフリオを見つめた。フリオがすかさず話を引き取る。

「レストランをさがしてるんだ。ここにはディスコテカもあるの？」

「あるよ。でも開場は二十時から。待ちきれなくてもう飲んでいるの。レストランは四階にあるわ」

彼女はそうでもないが、男たちの一人はすでに酔っているようだった。私たちのほうをちらちら見ている。フリオは礼を言って私たちの肩を両手で押した。

国家破綻寸前で食料がなく停電が多いと報道されている国で享楽にふける若者がいるとは思いも寄らなかった。そこら中に飢え死に寸前の人々が転がっていると思っていたのだ。

私たちは暗い階段を手探りで上って四階に出た。円形のレストラン街は真ん中に丸テーブルが二十個ほど無造作に置かれ、その回りにレストランが連なっていた。が、営業しているのはピザ屋と軽食屋とカフェの三店舗だけだった。中央の客席には三組ほどの客がいるだけだった。

私はまたお腹に違和を感じた。フライドチキンとフライドポテトを出す軽食屋に腰を落ち着けるとトイレに駆け込んだ。

しばらくして浮かない顔で席に戻ると、フリオはそんな私の様子とは裏腹に興奮していた。

「ベネズエラはイメージとずいぶん違うじゃないか。そう思わないか？　まさか若者がお洒落をしてディスコに行ってるとは思いも寄らなかった。もしかしたら報道には特別な意図があるのかもしれない。ベネズエラに関する悪い報道の大半はアメリカとコロンビア発信が多い。アメリカは反米のマドゥロ大統領を追い出して石油の利権を確保したいし、コロンビアは親米だから追随せざるを得ない。そういう思惑のもと、悪い部分だけ切り取られて報道されているような気がするんだ。それも、かなり大袈裟にね」

食事が運ばれてきた。が、私は少し摘まんだだけで二人にやった。フリオが続けた。

「とはいえ、メリダの一部を見ただけだから、ともかく明日、朝から街を回ろう。カラカスの事情はもっと違うだろうし。ただ、それにしてもイメージと違ってびっくりだな」

フリオは宿に戻ってもまだ府に落ちない様子で「イメージと違うなあ」と連呼していた。

翌朝、昨夜のタクシー運転手と共に街を一周した。白髪混じりの運転手のチャリーノは

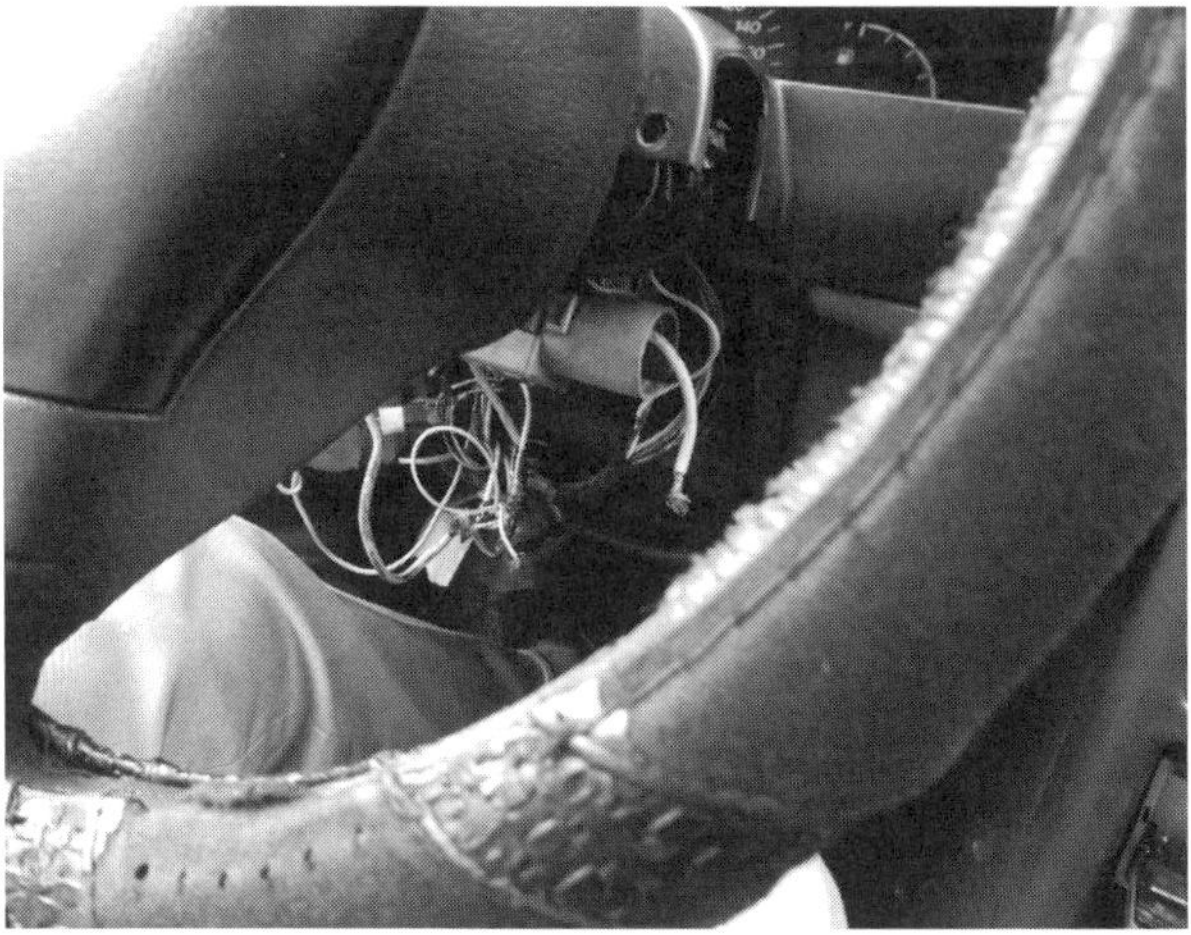
タクシー運転手のチャリーノさんの車内

六十代前半でタクシー歴は十年弱だという。いったい月にどれくらい稼いでいるのだろう、と思っていたら、フリオが斟酌せずに聞いた。

「月給ねぇ……、今はだいたい八万ボリバル（約四〇〇円、以下、円表記）前後かな。どんどん減っていて生活は大変。国を出る人もいるけど、俺は年老いた母親を抱えているからね」

二〇一九年八月のこの時期のベネズエラの最低賃金は月額四万ボリバル（約二〇〇円）だ。あとで分かることになるが、普通のレストランのランチが約二〇〇円だから、チャリーノの場合、ランチ一食で半月分の月収が飛んでいくことになる。

「普段は何を食べているんですか?」と私は聞いた。

「プラタノやキャッサバかな」

プラタノは生では食べられない調理用バナナで煮たり焼いたりする。中南米の農村では主食で安価だ。チャリーノは付け加えた。

「あとは泥棒かな」

そう言って声を上げて笑っているものの、その言葉がのちに私たちに重くのしかかってくることになるとは、このときは知る由もない。

メリダの市街地は教会の高い尖塔を中心に赤茶けた瓦ぶきの屋根が軒を連ねている。奥に行くにしたがいシャッターと重々しい格子扉が降りている景色が増えて行くものの、繁華街は活気があった。一見する限り人々の顔に悲壮感はなく、物乞いもいるにはいるがどこにでもあるごく普通の小都市だ。目抜き通りの携帯電話を売る店の前には人が多く、細身のジーンズにカットソーの大学生風の女子たちがおしゃべりに興じていた。

繁華街のやや外れにあるレンガ調の大きなスーパー「ガルソン」でタクシーを降りた。

入口に足を踏み入れて私たちは息を呑んで立ち止まった。自動ドアの近くには十二個入りのトイレットペーパーが七段、その向こうには三キロ袋の米が満々と三十段ほど積まれ、飲み物の陳列の一画には一、五リットルのペプシコーラだけがこれみよがしに四段分、およそ二〇〇本がぎゅうぎゅうと詰まっていた。予想に反し、食料も日用品も薬もたっぷりあった。

値段は例えばトマトが一キロ約一一〇円、米が一キロ約八十円、安いトイレットペーパーが二個で約一三〇円である。メリダに関していえば、もはや報道とはずいぶん違うことを確信しつつあった。「侍や」の従業員のマルセイロの実家は、ここメリダである。当初の計画では彼

大型スーパー、ガルソン

の姉が国境まで私を迎えにきてくれて、しばらく彼の実家に厄介になる予定だった。にも関わらずククタに着いたとたんに「今の治安状況では君を受け入れられない」とキャンセルされている。しかし、この二日間を見る限り、理由はほかにあるのではないかと私は密かに疑い始めている。

私たちは再びチャリーノのタクシーに乗ってほかのスーパー二ヶ所とガソリンスタンドと食堂街を回り、夕食は市内でもっと大きなショッピングセンター「ロデオ・プラザ」のレストラン街に行くことにした。ガソリンは一ガロン約八円、大衆食堂のランチは約二〇〇円ぐらいが相場であることも分かった。

その途中だった。

黄昏どきの繁華街に日本に関係する名前の看板の店を見つけた。私は慌てて車内で声を発した。

「少し戻ってくれないか。日本人が経営している店かもしれない」

ショーウィンドウにはしかし、商品がなく何の店かよく分からなかった。フリオと共に中に入り、奥のほうの陳列棚に玩具や文具類が点々と並んでいたが寂しい店だった。カウ

日本に関する名前の店の店内

ンターには来客中の子供が一人。アニメのカードを買っていた。

接客が終わり、子供が嬉しそうに走り出すと、私はカウンターの主人に尋ねた。

「ここのオーナーは日本人ですか？」

立派な顎髭に眼鏡の中年の男性は表情を硬くした。

「いや、私がオーナーでベネズエラ人だが……」

「私は日本から来ました。看板を見て、日本人が経営している店かと思って」

オーナーが表情を崩した。

「私が日本好きだから店名にしたのです。京都に横浜……、日本には何度か行っています。店名に日本に関する名前がついている店はうちだけじゃないよ。いくつかあるし、昔は日本人も結構住んでいた」

ところが、私たちが自己紹介をし、取材に来た旨を告げると、表情を変えて口を尖らせた。

「うちの店はさ、アメリカやパナマから商品を買うんだけど、ベネズエラに着いて店に来るまでに三分の一は減っていることがある。全部到着することがないんだ。どこかで必ずなくなる。また、税務署は帳簿を調べて不正があると言って、年に二、三度、罰金を課したこともある。税理士を入れて間違いはないのにね。息子がヨーロッパに住んでいて、ベネズエラのニュースを見て『お父さん、食べるものは大丈夫なの？　送ろうか』と聞いてくるけど、この国の本質はそのことじゃないんだ。国がやりたい放題でガバナンスが効いていない。腐っている」

珍しくフリオが熱心にメモを取り始めた。するとオーナーは目を見張って手のひらを向けた。

「おっと、コロンビアの新聞にはさすがに書かないでほしいな」

フリオが大きく頷くと、私は間髪入れずに「国を出ようとは思わないのですか」と尋ねた。

「この店を今売っても二束三文だし、今年で六十五歳だからね。低所得者層のほうが持ち物がなくて出やすいんじゃないかな。金持ちはチャベス（ベネズエラ前大統領）時代に見切りをつけて出ているからね。一番困っているのは中間層じゃないかな」

子供たちが慌ただしく店内に入ってきた。またカードだろうか。私たちは礼を行って店を出た。

その足でショッピングセンター「ロデオ・プラザ」のレストラン街に行った。イタリアンに入ると、子どもの誕生日を祝っている家族の姿が目に飛び込んできた。豪華なケーキにステーキにフライドチキンにピザ……。接客に来た若い女性店員にフリオが早速聞いた。

「彼らはどういう人たちなの？」

「海外に家族がいて送金してもらっている人たちですよ。たくさんいますよ、そういう人たちは。そうじゃないとこの国でこんなご馳走は食べれません」

そこでいったん言葉を切ると、彼女は微苦笑を浮かべて続けた。

「彼らの今夜の食事代はおそらく一万円ぐらい。私の月給はチップも入れて五百円ぐらいです」

私たちはピザを食べて帰路についた。が、私は相変わらず調子が悪く、一口二口食べただけである。

宿に着き、二十三時を過ぎ、ベッドでうとうとしているときだった。

「トニート、俺たちはバル（飲み屋）やディスコなど夜の街の状況を見に行ってくるけど、君はどうする？」

「まだお腹の調子が良くないから、寝てるよ」

「そうだよな。じゃあ、俺たちは行ってくるから、ゆっくり休んでいてくれ」

こんな時間に外出するのか……。メリダの街は想像以上に落ち着いているとはいえ、人口十万人あたりの殺人発生率が世界第二位（二〇一七年）の国である。だが二日間回ってみてそう問題ないだろうと思い直して私は眠りについた。

五、

部屋のドアが勢いよく開いたのは、早朝だった。壁際のスイッチが荒々しく押されて電気がついた。

ただならぬ雰囲気にぎょっとして飛び起きた。強盗が侵入してきたのかと思ったのだ。顔面蒼白の二人の顔が間近にあった。二人の呼吸は乱れていた。

「こんな時間に申し訳ないが、聞いてくれないか」

フリオが口元を振るわせながらそう言うと、二人は私のベッドの縁に腰をかけて事情を説明した。

二人は近くのバルとディスコへ行き、若者たちと交流をはかっていた。国家破綻寸前、という言葉が信じられないぐらいに店は賑わっていたという。四時に閉店となり、宿まで三百メートルぐらいということもあって二人は歩いて帰路についた。道の脇から黒い二つの影が踊るように出てきて銃を突きつけたのは、宿まであと二十メートルほどの距離だった。フリオは上着とそのポケットに入れていた財布と携帯電話を、ジョバニは財布と携帯電話とパスポートを入れたポシェットに加えて、靴と靴下まで取られてしまったと言うのだ。

フリオは取り乱した口調までそこまで説明すると、「警察に届けたらコロンビアに帰ろう」と弱々しく呟いた。

ジョバニの財布にはベネズエラ資本の「バンエスコ銀行」のデイビットカードが入っていた。私たちはそこに三人分のお金を入れて行動していた。ベネズエラ通貨のボリバルはハイパーインフレで例えば二〇〇円の支払いで二〇〇枚ほど紙幣を要するため、現金は使いにくい。使うのはバスや地下鉄や露店ぐらいだろうか。また現金は各銀行で引き出し制限がありATMだと一日七十円前後。したがってデイビットカードがもっともポピュラーなのである。これがなくなった今、カラカスなど先へ進むのは難しかった。

「分かった。コロンビアに戻ろう。二人に怪我がなくて本当に良かった」

二人は同時にうなだれたが、私もその場に居合わせた可能性があったのだ。体調が悪くなければ、おそらく、二人に釣られて外出していただろう。私たちは舐めてしまったのだ。

しばらくして、私たちの間に流れる重苦しい空気を代弁するかのように電気が消えた。

この国に来て初めて体験する停電だった。

仮眠をとったあと、私たちは早速警察に行った。日曜日だったが受付はしてくれ、明日、最終手続きをおこなうことになった。この日、八月十八日はベネズエラサッカー一部リーグのエストゥディアンテス・メリダ対アラグアの一戦が十五時からキックオフとなっていたのだが、警察での受付は十六時過ぎに終わり、スタジアムに着いたのはちょうど試合が終わった直後だった。ホームゲームのせいもあるが、ベンチ席はほぼ満席だったという。

二日後に盗難証明を受け取ると、翌朝一番のタクシーで慌ただしく国境に向かった。フリオとジョバンニは昨日、文房具屋で「カルネ・デ・フロンテリサ」(国境出入国証)を作っていた。文房具屋で即席で作った身分証もどきが、時には有効になったりするのだという。コロンビア人は隣国ベネズエラに商用など一時滞在の目的であればこれだけで行き来することができる、と彼らは言っていた。盗難証明だけでは心配だということで作ったのである。

来たときと同じベネズエラ領のボカ・デ・グリータに着くと、何とちょうどタイミング良く入国時に私たちを面接したガイゼル髭風のコマンダンテが歩いているところだった。

フリオが急いで事情を説明すると、私たちは国境を通された。

両国を結ぶウニオン橋を渡って少し行くとフリオの従兄弟が運転するＲＶ車が駐まっていた。車に乗り込むとフリオが大きく息を吐いて「ジェガモス・ア・コロンビア！」（コロンビアに着いたぞ！）と叫んだ。堪えていたものが一気に溢れる快哉と笑顔だった。

私たちはククタで遅い昼食を取ったあと、出入国管理局のあるコロンビア側のラ・パラダに向かった。夕方近くになっても日差しは強く降り注いでいるが、私たちにはベネズエラを出国した爽快感があった。

駐車場に着くと、私はパスポートと財布と携帯電話以外の荷物を二人に預けた。フリオは車に残り、パスポートを持っていたジョバニは念のためコロンビアの出入国管理局で事情を説明するという。私は二人と別れて両国を結ぶシモン・ボリバル橋を渡った。

だが、ベネズエラ側のサンアントニオにある出入国管理局の近くまで来て目を見張った。建物の回りは小さな公園のような緑地になっており、そこにロープが張られて長蛇の列が出来ていた。ベネズエラを出国する移民の最後尾は一〇〇番目ぐらいだろうか。私は思わず舌打ちした。もっと早く来るべきだった。

列に並ぶと、すぐに崩れた恰好をした若い男が寄ってきた。

「三十ドル払えば、十分以内に出国スタンプを押してやる。普通に並べば今日中にスタンプを押せないだろう。窓口業務は二十時までだ。どうする？」

同じような男たちは三、四人いて、列を往来しながら口々にアナウンスしている。

「三十ドル払えば十分以内に出国スタンプを押す。『その名は《早い》』（セ・ジャマ・ラピダ）」

「セ・ジャマ・ラピダ」

まるで宗教のおまじないのように連呼している。私はとりあえず断り、彼が遠ざかるのを確認してからフリオに電話を入れて判断を仰いだ。

「ダメだ。彼らにパスポートを預けるのは危険だ。トニート、疲れているだろうけど並んで待つんだ」

それから四時間ほど並んだだろうか、空は薄闇に包まれ、「セ・ジャマ・ラピダ」という声もようやく聞こえなくなった頃、私の番になり窓口であっさりとスタンプが押された。フリオたちには私の荷物を持って先に帰ってもらっている。なにしろ私はこれからが本番、

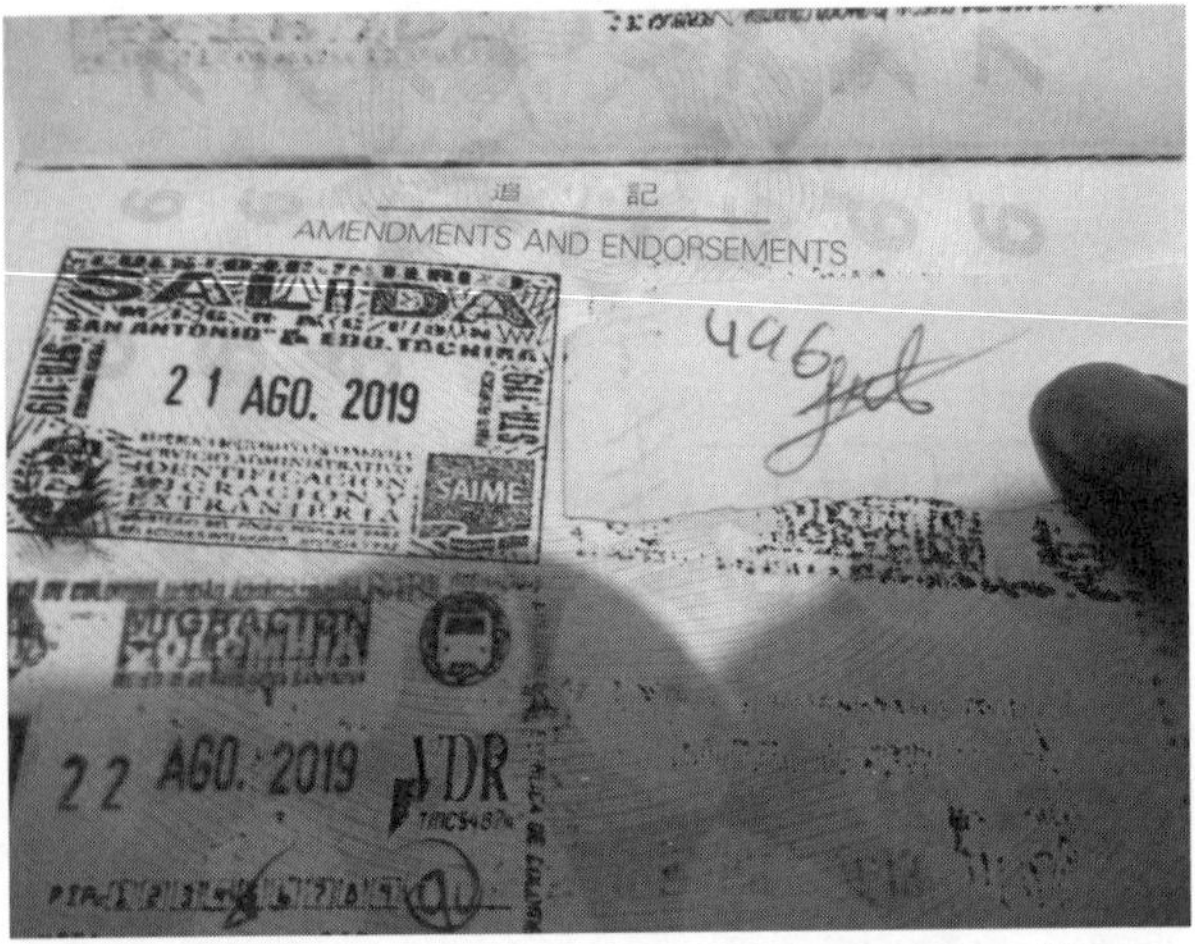

ラ・パラダで入国審査を待つ整理番号の紙とベネズエラの出国スタンプ（左上）

コロンビアの入国スタンプを押さなくてはならないのだ。

夜のシモン・ボリバル橋を渡った頃から私の予感は的中した。

二十時を回っているのに、白を基調としたコロンビア出入国管理局のまわりには、大きな荷物を抱えて祖国を出国し、近隣諸国へ向かうベネズエラ人たちでひしめき合っていた。なかには杖をついた初老の男女の姿も見え、あたりは人々の熱気と苛立ちと溜め息に包まれていた。ざっと一千人はいるだろう。

どこが最後尾なのかも分からずウロウロしていると、笛が吹かれた。建物の横のトタン屋根の下で軍人と職員が交通整理を始め、移民申告書などに番号を記し始めた。それを持ってない人には紙切れを渡している。私がもらった紙には四九六番。二十一時に少なくとも四九六人がコロンビアへの入国を希望しているのだ。

入国審査を待つ人の群れは二つの島に分けられ、私のいる後続グループはトタン屋根のあるコンクリートが剝き出しの地べたに座って待機することになった。

夜気は生ぬるくTシャツ一枚で充分だった。体育座りのまま放心したようにどこかを見つめている女性、小さい子供を三人抱えて横になっている母子、切羽詰まって着のみ着まで来たような男性など様々な人たちが肩を寄せ合うようにしている。中には場違いな十代後半とおぼしき賑やかな三人組の少女たちもいて、まるで旅行にでも行くような雰囲気なのだ。カラカスで同じ高校だった元クラスメイトたちで飲食店などで働いていたが、「このままベネズエラにいたらお洒落できない。ネイルアートしたい」がために国を出ると事も無げに言う。それだけで母国を出るのかと思ったが、年頃の少女たちにとっては切実なのだろう。

私の前は十代の男女三人組、うしろは四十代後半ぐらいの男性だった。前者はカラカス

ラ・パラダの入国管理局で順番を待つベネズエラ移民

出身の兄弟姉妹で、エクアドルの叔父のもとに向かうと言う。十八歳のしっかり者の姉が、やんちゃな弟二人を従えていた。後者の男性はメリダにも近いサンクリストバルの大学講師で音楽を教えていたが収入の激減によりペルーの友人のもとで「販売員でも何でもやるしかないよ」と投げやりな口調だった。

国連難民高等弁務官事務所によれば、コロンビアには約一三〇万人、ペルーには約七十六万人、エクアドルには約二十六万人のベネズエラ人が押し寄せているという（二〇一九年六月時点）。

午前〇時を過ぎても人のざわめきがあり、コーヒーや煙草を抱えて回る売り子の声が響いていた。エクアドルへ向かう兄弟姉妹の弟が姉に煙草をねだっては厳しく咎められていた。三人とも中学を出て販売員などの職についていたが月給は三〇〇〇円ぐらいで将来に希望を持てなかったという。

三時頃になり、先発グループの入国審査が終わると、後発グループの番になったが、私たちは疲れ果てて口をきいている人は少なかった。

やがて空はしらじら明けて日が昇り始めた。十時を回ってようやく私たちは五箇所の窓口の前に立った。元大学講師は半分眠ったような状態だが、若い兄弟姉妹は屈託ない。私たちはメールアドレスを交換し合った。

「いつか日本に行ってみたいわ。そのときはよろしくね」

姉はそう言って微笑むと、三人は緊張した面持ちで窓口の前に立った。しばらくして判子を押すガチャンという音が続くと、三人は弾かれたように熱い光の中へ駆けて行った。姉に煙草をねだっていた次男が足を踏み外して微苦笑を浮かべた。

気分はもうエクアドルだ。

第二章

首都カラカスを歩く

一、

ボーイング七三七─四〇〇は機首を傾けるとゆっくり降下を始め、紺碧色をたたえる眼下のカリブ海を横切っていく。やがて丘陵地帯に赤茶けた煉瓦作りの建物がぽつぽつ現れると、機体は着陸態勢に入っていった。ちょうど二週間ぶりのベネズエラである。私はフリオとジョバニの悔しそうな表情を思い出しながら呟きたくなった。ベネズエラに落とし前をつけてやろうじゃないか──。アビオール航空九V一四二一便が鈍い音を立てて地面に滑り込むと何人かが十字を切った。

隣席に座る太った中年女性は私の顔を覗き込んで微笑むと、「ようこそベネズエラへ」と声を強めて続けた。

「いいわね、迎えの人が来るまで、空港の外には絶対に出ちゃ駄目よ。あなた、すぐに身ぐるみ剝がされるからね」

一人昂ぶる挑戦的な気持ちが急速に萎えていくようだった。

シモン・ボリバル国際空港の税関

二〇一九年九月五日の正午前、私を乗せた飛行機はコロンビアの首都ボゴタからベネズエラの首都カラカスに到着した。座席はほぼ満席だった。ベネズエラの玄関口シモン・ボリバル国際空港は天井が高く、ガラス張りの窓から斜めに射し込む陽光が大理石の床によく映えていた。機内の人々は服装も雰囲気も洗練されており、国家破綻寸前と報道されている切迫感とはまるで無縁だった。

入国審査は陸路でベネズエラに入国したときと違い、拍子抜けするほどあっさり六十日のスタンプをパスポートに押してくれた。

オマル・メディナ

入国ゲートを抜ける自動ドアを開けると、到着ロビーにはネームボードを掲げたりする人たちの鋭い視線があった。「タクシー、タクシー」という声がいくつも重なってくる。一列に並ぶそんな人たちの顔と雰囲気を見ながらオマルを探す。電話の声からして四十代か五十代といったところだろうか。そのとき、片言の日本語が耳に入り込んできた。

「キタザワさんですか。こんにちは。わたしがオマルです。はじめまして」

そう言うと、白髪交じりの短髪に柔和な笑みを見せる痩身のオマル・メディナは握手を求めてきた。

「日本語を話せるのですか？」と私が日本語で言うと、スペイン語で返してくる。

「少しだけ。挨拶程度です。勉強したけど難しいです。さあ、まずは車へ。ダウンタウンまで四十分ぐらいでしょうか。そこで話をしましょう」

空港を出ると、飛び込んできた明るい日射しに思わず目を細めた。標高一〇〇〇メートルのカラカスはTシャツ一枚で心地よく、目の前の空港に付属した建物や駐車場には春のような陽気が満ちていた。

カラカス市内

二週間前——。ククタのラ・パラダで十二時間を要してコロンビアへの入国スタンプを押した私は、翌日にはボゴタへ戻った。拠点にしている「侍や」の高橋社長に事の顛末を報告すると、目を丸くして驚いた。

同行の記者二人が襲われて止むに止まれず戻ってきたことではない。

「日中の街の様子が普通だって？　北澤君、本当に街を歩いたの？」

高橋社長は眉根を寄せて続ける。

「だってベネズエラは四〇〇万人近くの人々が食えずに国を出ているんだよ。月給は七ドル前後でスーパーには物がない。だから追い剝ぎ強盗が日中も跋扈している。俺は君たちは絶対に襲われると確信していた」

普通は元部下を心配するものだが、襲われることを期待する元上司も珍しい。

「それが社長、スーパーには物がたくさんあり、飲食店も開いていました。繁華街の外れの方に行くとシャッターが閉まっている店も多いですが、一見すると街は至って普通でした。ただ停電は六日間の滞在で二回、夜は街灯がついてないところが多いので怖かったですが」

店には常連客がちらほらいるだけで、私はカウンターで揚げ出し豆腐などのつまみを食べながら高橋社長に報告している。

二〇〇七年からコロンビアを中心に中南米を旅するようになり、その間に高橋社長と知り合った。二〇一〇年から約二年間は「侍や」で住み込みのアルバイトをしながらコロンビア全国三十三県のうち二十九県を回った。以降、「侍や」を拠点に中南米への取材を本格的化し、そのたびに予備のクレジットカード、パスポートのコピー、幾ばくかの現金を預かってもらっている。ボゴタに滞在中は店の二階の一室を根城にさせてもらっている。

ところが、そんな寛容な高橋社長が納得しない。

「おかしいねえ。うちにも、雇ってくれっていうベネズエラ人が二週間に一回ぐらいは来るんだよ。電話も含めて。そのたびにみんな、故郷は食料物資も仕事もなく無法地帯になっていると言うんだ。北澤君、ほかの国へ行ったんじゃないの？」

普段は気さくで冗談を飛ばす高橋社長の目は笑っていなかった。店の従業員にもコロンビア人の友人にも同様のことを告げたが、みんな信じてくれなかった。私はまるで狼少年のようだった。テレビに切り取られて固定化されたイメージを覆すのは難しい。

もっとも、私もその一人だった。「国家破綻寸前」、「無法地帯」などという日本の報道に接し、相当の覚悟を持って日本を発った。それまで勤めていた東京の会社を退職し、アパートを解約。空家になっていた地方の実家を売却し、仏壇の魂抜きをして位牌を墓檀家に預けた。全財産はバックパックだけとなり、いつ死んでもいいように身辺整理をして乗り込んできたのだから。

高橋社長は結論づけた。

「メリダは地方だから治安がいいんだよ。それにあそこは地方都市の中でも知られた観光地でしょ。その点、カラカスは日中から追い剝ぎ強盗がバッコして死体が転がっているよ。きっとそうに違いない」

オマルが運転する車は国際空港のある山間地からダウンタウンへ繋がる幹線道路を軽やかに走っている。対向車はほとんどなく、後続車がときおり私たちを追い越していく。

オマル・メディナは一九七七年カラカス生まれの四十二歳。国立ベネズエラ中央大学ジャーナリズム学科を卒業。カラカスのビルバオ・ビスカヤ・アルヘンタリア銀行（通称BBVA銀行）などを経て五年前からカラカス日本人学校の管理人を務めている。妻子と共に校内の一画に住んでいるのだ。弟が在ベネズエラ日本国大使館の運転手を務めている縁で今に至っている。

ボゴタに戻った私は、再びベネズエラ行きの方策を練っていた。高橋社長にベネズエラに縁のある件の料理人のハイロに連絡をとってもらったが、あのときと変わらず「分かった。受け入れ先をさがす」と言うだけで返事はなかった。

そんなときに妙案を出してくれたのは、やはり平入誠だった。「カラカスの日本人学校にコンタクトを取ってみたらどうでしょう」。私は早速、同校のウェブサイトから代表アドレスに日本語とスペイン語のメールを送った。が、三日経っても返信がなく代表番号に電話をかけるとすぐに男の声が出た。ベネズエラ人の男性だった。

「学校は今年（二〇一九年）の二月に閉鎖になり、関係者の日本人もほとんどが帰国しました。取材の受け入れですか？ 私の一存ではお答えできないので、日本人のAさんに電話してもらえますか。番号は……」

すぐにAさんに電話をするとベネズエラ人の男性を紹介された。それがオマルだったのである。

親日で実直なオマルと互いの自己紹介を終えると、彼は探るような声で聞いてきた。

「日本ではベネズエラについて、どのように報道されていますか？」

私は素直に答えた。

「食料がなく国民は餓死寸前。無法地帯になっているため、四〇〇万人近くが国を脱出していると」

オマルが含み笑いを洩らした。

「一緒に街を歩けば分かりますが、半分は本当で半分は嘘です。ジャーナリストたちはベネズエラに来ないまま記事を書いている。だから、まるで戦争でもしているような国の扱いを受けている」

「とはいえ、日本人学校は二月で閉鎖になっている」

「ええ、最大の理由は一月末の米国からの経済制裁、アメリカへの石油輸出禁止です」

アメリカは反米のベネズエラに段階的に経済制裁をおこなってきたが、国の基幹産業たる石油の輸出禁止は大打撃になることが予想された。結果、ベネズエラは外貨収入の大半を失うことになる。ベネズエラの在留邦人の多くがこれを契機に帰国した。

オマルが言う。

「でもね、日本人学校の日本の先生たちの中には、《これまでもベネズエラにはそういう危機があったし、街はいつもとそんなに変わらないので、なぜ休校にするんだろう》って言う人たちがいました。現場サイドは渋々帰っていたのです」

オマルは現在、休校になった学校の一角に妻子と共に住み、敷地と建物のメンテナンスをおこなっている。

オマルの当面の予定を聞きながら私たちは今後のプランを練った。私の滞在期間は五日間である。高橋社長にも仲介者の日本人も、滞在期間はせいぜい一週間にしておくようにときつく言われていた。

見に行きたい場所はいくらでもあった。街の様子、スーパー、レストラン、学校、病院、観光施設、スポーツ場、ディスコテカ（クラブ）、富裕層と低所得者層のエリア……。それらを口にすると、オマルは早速、今夜、ディスコテカへ連れて行ってくれるという。夜の街を見に行けるのは貴重だ。

ダウンタウンに入ると、車の量がぐんと増えてきた。平日の日中だが、人通りも多く、スーツや学生服、作業着、ナース服を着た人たちが普通に歩いている。

予約していた一泊二十五ドルほどのホテルにチェックインを済ますと、ロビーでワッツアップの番号を交換して夜の十九時半に約束をした。しかしメッセージが送れない。停電でワイファイが使えないのだ。あとで分かったことだが、この年、ベネズエラでは《約八万回の停電があり、とくに三月と四月が多かった》（米ニュースサイト「パンアメリカンポスト」二〇一九年十二月十九日）という。

十九時半を過ぎてオマルがやってきたときに電気は復旧していた。夜の街へ繰り出すのに少し緊張していたら、運転席に座るオマルが冷静な口調で言った。

「夜の道路では検問があります。北澤さんは取材者ではなく、旅行者ということにしておきませんか？　取材者と名乗れば、警戒されたり、証明するものを出せと言われたりして面倒なことになると思います」

メリダではスポーツ記者と名乗り、今度は旅行者か。私は言うとおりにした。

二十時を過ぎても帰路につく会社帰りの人や徘徊する若者や浮浪者など人の流れはそれなりにあった。十字路の角の多くには大量のゴミが溢れ、ゴミを漁る人々の黒い稜線が動いている。検問が一回あったが、とくに何も言われず車はショッピングモールの駐車場に入った。近くでは抱き合ってキスをしているカップルが一組。ここは、チャカイト地区の

ディスコテカ兼レストラン「フォレチェトネ」

ショッピングモール「チャカイト」。私が投宿しているホテルが日本でいえば新宿の東口方面で、このあたりは南口から代々木方面といったところか。

オマルと共に地下におりて、目的のディスコテカ兼レストラン「フォレチェトネ」（Forchetrone）に着くと、着飾った若い男女が入口の前でたむろしていた。入場料は無料のドリンク制で「レヒオナル」という銘柄の中瓶のビールが一万八千ボリバル（約八十円。同日のレートは一ドル二万二四七六ボリバル。以下、すべて円表記）。客層は二十代から三十代が中心の大衆店で開店の二十時から店内は人いきれと熱気で充満していた。カラカスの夜は肌寒くパーカーを着ていたが中はTシャツ一枚で充分だった。

近年ベネズエラで大ヒットしたチノ&イナニョの曲、ニーニャ・ボニタが弱く流れている。とはいえまだ本格的に営業を開始しているふうではなく、ヤング用とシニア用に別れている店内は明るく、各自が酒を飲みながら談笑したり軽く踊ったりしている。

カウンターのあるヤング用のほうでオマルと共にビールを開けたが、彼はメールをしたり外に電話をしに行ったりして忙しい。カウンターに来る客の多くが私の顔をまじまじ見つめてきて視線が痛かった。この時期に外国人は珍しいのだろう。

「ねえ、あなた一人?」とカウンターでビールを受け取った女性がシナをつくって人懐こく微笑んできた。女は二十代後半か、赤茶けた髪毛に厚化粧だが目元には色気があった。厚ぼったい唇が艶めかしい
「私はアナ、あなたは? 一緒に踊らない?」

私も名乗り、促され、黒のキャミソール姿のアナとステージにあがった。一組がすでに踊っている。突然、音楽のボリュームが耳を聾するほど上がり、照明が落とされ、一気に開店ムードになった。天井から吊された極彩色のミラーボールが怪しげな光りを放つ。ア

ナの素早い足もとについて行けず、笑われているのを感じながら踊り続けて背中に汗が滴り始めると、重低音の激しいビートがサルサの甘ったるい曲に変わった。

アナは私の肩に顔をもたれると、長い腕を腰にまきつけて耳元で熱い吐息を吐いている。しだいにアナの指先が私の内股を這っていく。とそのとき、「どうしてベネズエラに来たの？」と声を張った。

私は近年評判の良くないベネズエラを取材したいことと、かつてボゴタの日本食レストラン「侍や」で働いていたことなどを話した。するとアナは私の体を弾き真っ直ぐ見つめて声を上げた。

「そうなの？　ねえ、その店で私を雇ってくれないかしら？　給料は良かったでしょ？」

アナの声には驚きと羨望の響きが交じっていた。私たちの様子に異変を察した隣のグループの男が急に割って入ってきた。揉めていると思われたらしい。

「アナ、どうした？　その中国人に何かされたのか？」

中南米の人は東洋人を見るとたいてい中国人と決めつけてくる。アナは男たちの一味だったのか。サルサの曲が終わると店内の照明がぱっとついて一気に華やいだ。

「違うの、彼は取材に来ている日本人でボゴタの日本食レストランで働いていたことがあるんだって」

「お前はボゴタに行きたがっているもんな。でもボゴタは寒いし危険だぞ。それよりアナ、俺たちはそろそろ《ペルー》に行くけど、お前はまだ中国人と踊るのか？」

《ペルー》とは近くのディスコテカのことで今日はプエルトリコ人の有名ミュージシャンが来るらしい。そのため入場料は三二〇〇円だと言っていた。

「行くわよ。今日はそのために来てるんだから」

アナはそう言うと豊満な胸元からスマホを取り出して甘えた口調になった。

「ねえ、あなたいつまでカラカスにいるの？　今度、ゆっくり会いたいわ」

二、

人口約三〇〇万人のカラカスの繁華街サバナグランデ地区の目抜き通りは人の往来が激しく活況を呈していた。おそらくベネズエラ国内でもっとも賑やかな大衆通りである。まだ朝の九時過ぎだというのに、闇両替を促す「ドル、ドル」という呼び込みの声と金の売却を勧める「オロ（金）、オロ」という声がひときわ響いている。人々はショルダーバッグを肩にかけ、あるいはリュックサックを体の前に抱え、またある者はスマホを手に日中の通りを行き交っている。

私はオマルと共に行動している。先日ディスコテカで出会ったアナからは翌朝踊りの様子を捉えた写真が何枚かワッツアップを通じて送られてきた。近日中に会おうという話になっている。

オマルと共に、サバナグランデ駅から、一九八三年開通の地下鉄に足を踏み入れた。エスカレーターは動いているものと停止しているものがあった。天井の照明は最低限だけで薄暗いが人の流れはある。券売機はすべて停止中だった。人々は改札の回転バーを当たり前のように押して過ぎて行く。私は隣を歩く中年の女性に慌てて尋ねた。切符はどうするのですか？

「無料だよ」

二〇一一年に地下鉄に乗ったときは無料ではなかった。改札中央のガラス張りの駅員室

サバナグランデ駅

カラカスの地下鉄

で髪をいじっている女性職員にも「無料ですか？」と聞いた。
「無料じゃない。有料です。ただ、今日は配布する切符の紙が用意できないだけです」
　紙が用意できない国というのも珍しい。オマルは地下鉄に乗るのは五年ぶりぐらいらしく少し落ちつかない様子だが、私は一人で乗るのは怖いのでいてくれるだけで何と心強いことか。
　電車はすぐに来た。朝の九時過ぎだがほぼ満員だった。カラカスの日中は二十五℃前後になるが、冷房は弱風程度に効いていた。時々、激しい揺れに見舞われるのでつり革に掴まっていないと危険だ。

プラサベネズエラ駅で降りて、庶民層の国営スーパー兼ホームセンターのクラップ（CLAP）に向かった、途中の川辺の橋下にはそこを住まいにしている家族らしき群れがいくつかあった。しばらく幹線道路を歩き、雑草が伸びきり何年も手入れされていない空き地のような場所を抜けると大きな建物が見えてきた。

クラップには食料も薬もあらゆる日用品が揃っていた。ただし車のタイヤは最近まで手に入らなかったと男性店員が教えてくれた。食料や薬がなかったのでは、という問いには「ない時期もあった。昨年の八月は人がすごい並んでいた。今は大丈夫」と当時を思い出していたが、今日は土曜日の昼前だというのに店内は閑散としていた。

食料品の値段をざっと並べてみよう。

米　一キロ　約一一〇円
卵　十二個　約一六〇円
水　一、五ℓ　約五十五円

トウモロコシ粉　一キロ　約一三〇円
プラタノ　　　一キロ　約六十五円（一ドル二万一三二六ボリバル）

プラタノとは調理が必要なバナナで中南米では安価に手に入る主要作物である。またトウモロコシ粉も中南米特有のアレパと呼ばれる餅のような食べ物の原材料である。低所得者層はこのアレパとプラタノが日常的な食べ物になる。その他の参考数値を上げてみよう。

一ヶ月の最低賃金
約二〇〇円（二〇一九年九月）
マクドナルドのハンバーガーセット
約三〇〇円（二〇一九年九月七日）
低所得者層の月給
約二〇〇円〜一〇〇〇円（二〇一九年八月）

国営スーパーのクラップ

クラップの店内。アレパの原材料となるトウモロコシ粉

カラカスは大きく分けて東側に富裕層が住み、西側に貧困層が住んでいる。その中間地点をセントロ（中心街）と呼び、セントロから西側の多くの大衆レストラン、雑貨屋、スーパー、各種販売店、清掃員、運転手、会社の事務員などは一ヶ月約二〇〇円～一千円で生活している。一ヶ月の月給でマックのハンバーガーセットを食べられない人もいるということになる。

先日出会ったアナたちが遊びに行った《ペルー》というディスコテカの入場料は三二〇〇円だと言っていた。いくら有名ミュージシャンが来るとはいえ、一般庶民には縁ほど遠い金額である。後述するがベネズエラはおおむね二〇一四年以降、このように歪んだ物価状態にある。いったい庶民はどうやって生活しているのか、という点についてはおいおい述べていくが、参考までに近年のベネズエラの最低賃金（月額）の推移

庶民層の主食、アレパ

マクドナルドのハンバーガーセット。約300円

も見ておこう。

二〇一二年五月　約三万円
二〇一三年五月　約一万三千円
二〇一四年一月　約五千七〇〇円
二〇一五年二月　約三千五〇〇円
二〇一六年五月　約三千五〇〇円
二〇一七年九月　約一三〇〇円
二〇一八年三月　約六〇〇円
二〇一九年三月　約六〇〇円
二〇一九年九月　約二〇〇円
二〇一九年十一月　約四〇〇円
二〇二〇年一月　約四〇〇円

（複数の資料をもとに筆者作成）

ポルトガル資本のスーパー、エクセルシオール・ガマ・プラス

私たちはふたたび地下鉄に乗った。日本大使館もあるアルタミラ駅という港区のような場所で降りて中流層が利用するポルトガル資本のスーパー「エクセルシオール・ガマ・プラス」（EXCELSIOR・GAMA・Plus）に向かった。途中の露店ではホットドッグが約一〇〇円で販売されていた。

前出の国営スーパー兼ホームセンターと違い、ここは大賑わいだった。人々の着ている服や身のこなしも心なしか違う。とはいえ、国営スーパーと値段はそう変わらず、むしろ安いものもあったりする。が、品目数は圧倒的に多かった。ベネズエラは物価変動が激しく、商品の値札が追いつかない。したがって金額は店内に設置されているタッチパネルにバーコードを当てて、そのつど確認するのだ。食料品の値段をざっと並べてみよう。

米　一キロ　約一九〇円
卵　十二個　約一七〇円
水　一、五　約六十五円

トウモロコシ粉　一キロ　約一二〇円
プラタノ　　　一キロ　約九十円
（一ドル二万一三二六ボリバル）

実はここの職員には偶然にも間接的な知り会いがいた。月給は約三五〇〇円だというから、前出のセントロから西側に住む人たちとは桁違いである。この店はカラカスに複数店舗を持っていて職員の数は多いのだが、その人はインタビューに応じてはくれなかった。以前、国内大手紙のインタビューに実名と写真で答えた直属の上司が首になるということがあったというのだ。

店を出て、先ほどのアルタミラ駅に降りて目を奪われた。改札脇のガラス張りの駅員室の前に黒山の人だかりがあった。窓口で切符を販売しているのである。港区系のせいか、ほかの駅と比べて紙が用意しやすいのだろうか。

しかしそれでも改札のバーを無理矢理に押し過ごしたり、あるいは越えて行く人たちがぽつぽついる。その流れに学生風の十人近くのグループが乗じて行くと、いよいよもって男性職員は耐えられなくなり、駅員室を飛び出して両腕を振った。

「無料じゃない！　切符を買ってくれ。無料じゃない！」

「うるせえ売春婦！」

「昨日は無料だっただろ！」

「電車のメンテナンスをちゃんとしたら払ってやる！」

どっからともなくほかの職員と警察官が駆けつけてきて収まったが、それでもなお薄汚い衣服の男性と杖をついた初老の女性は切符を通さぬままバーをまたぎ、職員も警察官も看過していた。切符は約○・○○四円だった。私はオマルと共に現金のボリバルを払った――。現金を払う局面は、電車かバスか露店、観光施設かスポーツ場の入場料とチップぐらいである。

近年のベネズエラで買い物をする際、もっとも普及している支払い方法はデイビットカードである。自分の身分証のＩＤ番号を伝えてその場で端末機でカードを決済する。飲食店やスーパーなどではよく、「ＨＡＹ　ＰＵＮＴＯ」（アイ・プント）という表記を見かける。デイビットカードの使用可という意味だ。ちなみにベネズエラでの買い物や飲食は前払いが多い。

ベネズエラ資本のクレジットカードは利用限度額が低く利用している人はあまり見かけない。キャッシュカードはATMでの引き出し制限が銀行にもよるが一回二〇〇円前後と少ないうえにATMに現金が枯渇して利用停止になるのが日常茶飯事だ。

日本から持ってきたビザのクレジットカードはホテルやショッピングモール付けのタクシーやそれなりのレストランやホテルでは使えるようだ。二〇一九年九月のこの時期、USドルもかなり流通していたが、二十ドルや五十ドル紙幣だと受け取った側にドルのお釣りがない事態がしばしば生じていた。

サバナ・グランデ駅に戻った。投宿しているホテルが近くにあるのだ。道すがら、このあたり最大のショッピングモールの「レクレオ」（Recreo）の通りを隔てたはす向かいの路上に目がとまった。飲食店が出した透明のゴミ袋を漁るのは浮浪者ではなく、このあたりを歩いているような一般の市民三人だった。浅黒い肥えた中年女性と四十代ぐらいの男性二人だった。

サングラスをかけた通行人の男性が私を追い越しざまに彼らを一瞥して呻くような声を

ショッピングモールのレクレオ

漏らした。

「同じ国の人間として恥ずかしいし、悲しい」

私は立ち止まって声をかけた。

「こういう人たちは多いのですか？」

男はサングラスを取って怪訝そうな顔をした。

「二、三年前に比べれば減ったかな」私が手にもつカメラを指さした。「それよりあなた、あいつらは問答無用に襲ってくる。すぐにしまいなさい。そして、このあたりの夜は銃声が響くから十八時以降は絶対に外出しちゃいけない」

通行人たちはゴミ漁りの三人を流し目で

プラン・デ・マンサノ地区

憐れんでいた。

三、

カラカスのセントロから西側へ車で三十分ほども走れば、山の斜面にトタン屋根を乗せた赤茶けた煉瓦造りの建物が所狭しと軒を連ねる光景に出くわす。貧困街だ。

別の日、私はオマルをガイドにその一角にあるプラン・デ・マンサノ（Plan de Manzano）という地区を訪れた。中心街より標高があるせいか過ごしやすく、眼下には山の緑と赤茶けた建物がモザイク状に入り組んでいるのが見えている。車道の内側の雪崩

ボルサ・クラップ

防止のコンクリートの吹きつけの中から湧き出るような水を組んでいる一群を通り過ぎた。
学校現場を見ようと思い国営の「ロレンソ・エレラ・メンドサ小学校」に着くと、ちょうど大きなトラックから食料品が詰まったビニール袋が運ばれているところだった。なるほど、これがボルサ・クラップ（Bolsa CLAP）か――。
ベネズエラ・ボリバル共和国は日本の約二・四倍の面積を有し、人口は約二八〇〇万人。日本からの直行便はなく最低一回の乗り換えが必要で少なくとも十六時間はかかる。隣国コロンビアと共に公用語はスペイン語で国民の多くがカトリックだ。そして、世界でも有数の原油輸出国で、原油埋蔵量は世界一位を誇る。そんな豊かな国がどうして国家破綻寸前などと言われているのか——。

ベネズエラはコーヒーとカカオの農業国だったが、一九一四年に国内初の大規模油田採掘に成功するや、石油は一九二六年には輸出品目の第一となり、一九二八年には輸出高で世界一となる。以降、石油王国としての名を馳せ、中南米諸国はもとよりスペインやイタリア、ナチスに迫害されたユダヤ人も出稼ぎにやってきた。

ところが、一九九九年二月に発足したチャベス政権は豊富な石油マネーを傘に貧困層への厚い支援を開始。食料の公定価格を下げ、無料の医療、教育プログラムを進め、貧困層向けの住宅やアパートをあちこちに建てた。その裾野は広く、二〇一一年十月に私が訪ねたコロンビアとの国境のユッパ民族という先住民が住む人口一〇〇人足らずの寒村にまで農機を無償提供していたほどだ。

同時に豊富な石油資源を外交カードに使い、キューバを筆頭に中南米諸国に石油を安価にふるまってきた。ロシアとも密接な関係を持ち、反米姿勢を打ち出しアメリカを排除した中南米大陸の統合を目指した。国内の基幹産業の多くは国有化もしくは接収され、生産量も落ちた。

二〇一三年四月に就任したマドゥーロ大統領は、チャベス前大統領の政策を踏襲。二〇一六年四月にはＣＬＡＰ（食料配給プロジェクト）を創設し、愛国カードというものに登録した一般家庭に食料の配給を開始した。こうしてチャベス時代から国内の貧困政策にばかりに目を向けてきた結果、貧困層が縮小するなどの成果はあったものの、二〇一四年以降、経済成長率はマイナスの一途を辿っている。

おりしも二〇一九年一月にはアメリカへの石油輸出禁止の経済制裁を受けて外貨収入の大半を失った。インフレ率は一六〇万％にも達したという。サラリーマンの収入も激減し、最低賃金は約二〇〇円（二〇一九年九月）に。ついには一般市民が街のゴミ箱を漁る事態にまで発展し、およそ四〇〇万人が国外に流出していると言われているのだった。

今、トラックに満々と積まれているのが、件のＣＬＡＰ（食料配給プロジェクト）であり、第一次マドゥーロ政権の柱のひとつである。配布地域によって呼び名と食料の内容は若干異なるが、ここではボルサ・クラップだ。ボルサとはスペイン語で袋という意味で、クラップはプロジェクト名である。

袋の中には、二キロの米、二キロのパスタ、二キロの小麦粉、一キロの油、一キロの砂糖が詰まっていた。月に一回配給される。ただし無料ではなく約五十円である。この地域では学校に集配したうえで各自が取りにくるかたちをとっている。

学校の入口でボルサ・クラップを差配している女性教師に尋ねた。

「これで生活はだいぶ助かるのですか？」

「少しだけよ。政府は月に二回を検討しているらしいから、それだと少し助かるね。でも、それより給料を何とかしてもらいたいわ」

私は思いきって尋ねた。

「最低賃金（約二〇〇円）ですか？」

彼女は目を見開いて大きく首を振った。

「まさか、一〇〇円よ。この地域の人たちはみんなそれぐらい」

国営なのに最低賃金を下回るとはどういうことだろう。

「さあ、私に聞かれても」

「何を食べて、どうやって生活しているのかですか？」

「アレパやプラタノ、あとはコンパルティィールかな。それが我慢できない人は国を出てコロンビアやエクアドルやペルーに行く」

コンパルティィールとはシェアという意味である。私はコロンビアで語学留学と就業の経験があるが、ホームステイ先で自分のシャンプーが普通に使われていたことがあった。食べかけのポテトチップスがなくなっていたことがあれば、服を持ち出されたこともある。初めの頃はびっくりしたが、自分も同じようなことをするようになってくると、しだいに居心地がよくなってくる。こうした環境下に身を置いていると、無職になってもしばらくは誰かが面倒を見てくれるのだ。

彼女は「家族と一緒に生きているから大丈夫」ということを言いたいのだろう。家族の概念も広く、又従兄弟とか、義理の娘の弟夫婦なんていうのも家族として容認されて普通に一緒に住んだりしている。

小学校は校長が不在で中には入れず、私たちは近くの雑貨屋に向かった。パウヒ地区、というところにある雑貨屋は重々しい格子戸がはめられてた。食料品の値段は前出の国営スーパーと遜色なかったが、格子戸の脇の壁に張られた貼り紙に思わず目が止まった。

雑貨屋の壁に告知されたアプリ決済用の番号

《バンエスコ（Banesco）のパゴモービル（Pago Movil）の振り込み番号は×××》

ベネズエラ資本の銀行バンエスコのスマートフォンアプリ「パゴモービル」を通せば支払いができるというのである。ベネズエラに入国して以来、私はスマートフォンアプリ決済の想像以上の普及に驚きを禁じ得なかった。タクシーでも一部の露店でも使えるところがある。売買春のやりとりさえもあるとか。

ベネズエラ通貨のボリバルは二〇一八年八月に新紙幣が発行されて通貨単位が減った。それでも例えば一ドルで二〇〇ボリバル紙幣が約一〇〇枚必要になる。一〇〇枚も持ち歩けず、国内にボリバルは不足しているから、雑貨屋や食堂で現金で支払っても店側にお釣りがないという事態が生じる。だからアプリ決済が普及しやすいのだ。

前述したようにベネズエラではデイビットカードがもっともポピュラーだが、このような事情からアプリ決済はこれからも加速度的に進んでいくだろう。

私たちは山をおりた。山裾からやや東のほうに向かってロス・マガジャネス・カティアス地区に入り、国営のホセ・グレゴリオ・ヘルナンデス総合病院に着いた。日本でいえば足立区のような庶民的なイメージだろうか。院内に人はまばらだったが、待合の椅子はたいてい埋まっていた。

入院患者のいる中層階に、病室の扉を開けて、ドアの溝に椅子を置いて患者と話し込んでいる三十代ぐらいの男性と目が合った。ベッドに横たわる妻女が交通事故に遭って入院中なのだという。私は薄暗い廊下に誰もいないことを確かめてから尋ねた。

「国営病院だから治療費は無料ですよね？」

男は憮然として答えた。

「この病院内で処置できることは無料だけど、検査や治療や薬は病院の外の別の機関でお

国営のホセ・グレゴリオ・ヘルナンデス総合病院

こなう。それは全部有料だよ。ここではただ、ベッドに横たわって足を釣っているだけ。昔はこの病院内ですべてが完結して無料だった」

待合室でぼうっとしている初老の女性も同じようなことを口にした。

「血液検査は外で有料で受けるんだよ」

階段で若い看護婦と擦れ違った。オマルが私を制して代わりに手際よく事情を説明して質問した。

「院内で治療行為や処方箋は出せないのか？　いつからこういう状態なのか？　ニュースでは医療機器や衛生用品がなく、医者も国を出ていると聞いている」

「……私は知りません。事務局を通してもらえますか」

それはそうだろう。だがオマルは彼女と一緒に歩調を合わせて階段を上りながら話し込み、やがて戻ってきた。

「……給料だけは教えてくれました。月給六五〇円だそうです。キタザワさん、ベネズエラ国民の給料を知りたがっていますもんね」

階段の踊り場から別病棟に連なるエレベーターホールに出て、オマルが壁の貼り紙を見て声を上げた。一言で意訳するとこうなる。

《当院には紙がありません。皆さん、どうか紙を分けて下さい》

医療機器や衛生用品どころのレベルではなく、紙がないのか。そういえば地下鉄の駅も切符が用意できない駅は無料になっていた。

私たちは病院を後にしてガソリンスタンドへ向かった。空は薄暮の明るみに包まれ始めている。私は二週間ほど前に滞在したベネズエラ西部の小都市メリダで一ガロン約八円だと聞いていた。オマルに問うと、彼は表情を崩して前方の車を指さす。

運転手は給油が終わると窓から顔だけ出して店員に「ありがとう！」と言っただけだ。

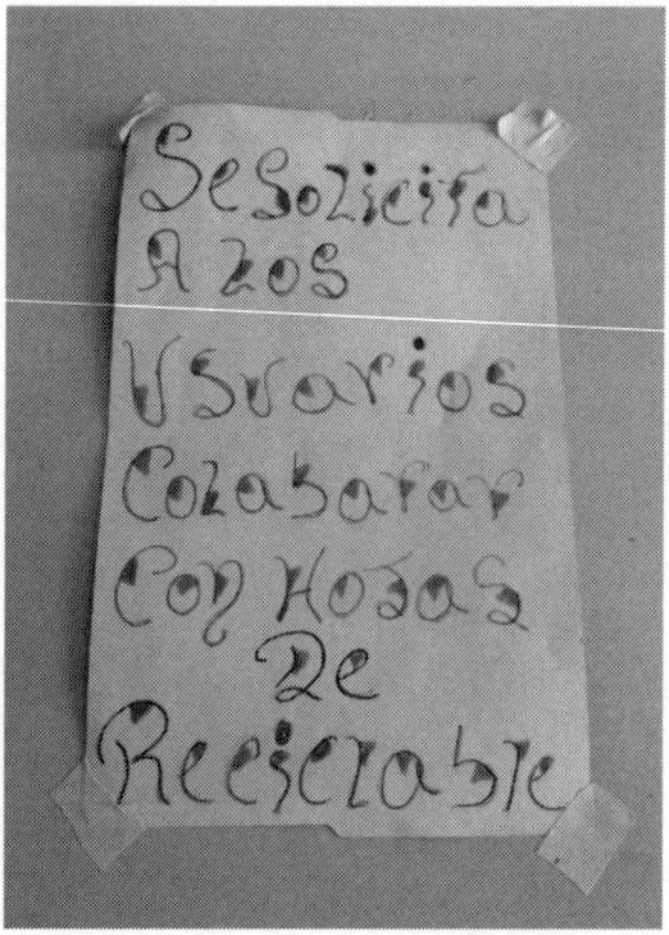

当院には紙がありません、という告知

「払える人だけ払えばいいんです。金額も決まっていない。メリダの事情は分かりませんが、正規で払うとしたら一ガロン八円ということを言いたかったんじゃないでしょうか」

オマルは店員に愛想よく声をかけてチップの一円を渡していた。

その後、私たちはメルセデス地区にあるベネズエラで五指に入るショッピングモール「トロン・ファッションモール」（Tolon Fashion Mall）のハンバーガーショップに入った。日本でいえば代官山や恵比寿のような場所だろうか。

平日の夕方前のせいか、それとも富裕層が国外に脱出して人が減ってしまったせいか館内に人は少ないものの、高級ブランド店などの目映い店ばかりである。この地区にいるとベネズエラに関する負の報道のすべてが嘘のように思えてくる。モールの周辺にも瀟洒なレストランや高価なブティックが並び、洗練された人々はスマホ片手に歩いている。

オマルは単刀直入に聞いてきた。

「三日間、一緒にカラカスを回りましたが、どんな印象ですか？」

一日目はディスコテカへ行き、二日目はサッカー観戦に行った。ベネズエラサッカー一部リーグの名門カラカス対メトロポリターナの一戦。入場料はホーム中央の屋根付きで約八十円、観客数は二〇〇人ぐらいと少なかったが、子連れの家族の姿が目立った。ベネズエラサッカー一部リーグの二〇一九—二〇二〇シーズンは、停電などの影響で試合の延期

ガソリンスタンド

ショッピングモールのトロン・ファッションモール

ベネズエラサッカー1部リーグ。オリンピコスタジアム

はたびたびあったものの、リーグ戦の中断はなかった。

そして三日目の今日——、オマルとこれだけいろんな地域を回って思ったのは、日本のベネズエラ報道はあまりに過剰すぎたと思う。もっとも、食料がスーパーから消えるなどの過渡期を過ぎているせいもあるが。とはいえ本当に国家破綻の状態であれば国内のサッカーリーグは中断しているはずだ。隣国コロンビアでは麻薬戦争が激化して内戦が最高潮に達した一九八九年、国内のリーグ戦を中断している。

オマルにそれらを告げると、彼は笑みを浮かべた。

「だから言ったでしょう。報道は半分は本当で半分は嘘だと。ただ、おおむね二〇一六年頃から今年（二〇一九年）の三月ぐらいまでの間は、スーパーに物がない時期がありました。あっても長蛇の列が出来て何時間も並ばなくてはならなかった。私も七、八時間、並んだことがあります。それが国際ニュースでクローズアップされたわけだけど、その間、ずっと物がなかったわけじゃないんです」

カラカスの高級日本食レストランに長らく勤める中年の女性は、こともなげにこう言い放っている。

「私は並んだことなんて一度もないです。自分のいる国がそういう状態にあることを、テレビのニュースで初めて知りました」

前出の月給一〇〇円の公立小学校の女性教師は怒気のこもった声で言う。

「一日並んで何も買えないときもあるのよ」

先述したようにカラカスは大きく分けて東側に富裕層が住み、西側に貧困層が住んでいる。地域差もだいぶあるのだと思う。

私はオマルに言った。

「食料がないことが契機になって国を出る人が増えた」
「それもあるけど、それ以上に、給料が減ったのが大きいと思います」
オマルの妻はカラカスの市の事務職員だが、近年の彼女の月給は大ざっぱにこうなるという。

二〇一三年八月　約三〇〇〇〇円
二〇一八年八月　約三〇〇〇円
二〇一九年八月　約三〇〇円

ついでにオマル家の二〇一九年八月の世帯収入も見ておこう。

オマル　約三〇〇円（カラカス日本人学校管理人）
奥さん　約三〇〇円（市の事務職員）
娘　約三〇〇円（民間企業の事務職員）

食料券　約三六〇円（一人約一二〇円）
世帯合計　約一二六〇円
（同月の月額最低賃金　約二〇〇〇円）

食料券とは「ボノ・デ・アリメンタシオン」（Bono de alimentacion）と呼ばれる。食料券が届くわけではなく国から支給されるベーシックインカムのようなものでこの月は一人約一二〇円だった。

これに前出のボルサ・クラップが加わるが、オマルの住む「カラカス日本人学校」のあるアティジョ地区は袋ではなく箱で届くため、カハ（箱）・クラップと呼ばれ食材も少し違う。なお同地区は日本でいえば銀座のように国内でもっとも地価が高く、この時期でも家賃約二十五万円のマンションがあった。住んでいたのはパイロットや弁護士や実業家だったが空室はどんどん増えていると管理人は嘆いていた。

オマルはありがたいことに世帯収入を公開してくれたが、「私に限ったことではないですが、みんな、額面通りの収入だけで生活しているわけじゃないですよ」と身を乗り出した。

「副業をしている人が多いんです。私はカラカス日本人学校から月に三〇〇円をいただいていますが、日本人学校の関係者の運転手を個別に務めることもあれば、調理師免許を持っているので週末にレストランに手伝いに行くこともある。現にこうしてキタザワさんをアテンドしていますよね。それから最低賃金で働いている人は非常に多いわけだけど、オーナーは退職を引き留めるために、月給とは別に小遣いや食料をあげている人が多いんですよ。あと、これはよくニュースになっていると思うけど、外国に家族がいる人たちはドル建ての送金をしてもらっている。みんなそうやって何とかやりくりしているんです」

私が現在宿泊しているホテルでこんなことがあった。

ある日、夕方頃に部屋に戻ると清掃員の女性がいた。しかしその日の午前中、私が階下で朝食をとっている最中に清掃とベッドメイキングは終わっていた。なのに夕方に何の用だろうと思って問うと、担当が清掃をしたかどうかのチェックだという。一泊二十ドル弱のホテルでずいぶん行き届いた管理体制だと私は関心した。だが世間話が興じて例によって「月給はいくらですか?」、「最低賃金の二〇〇〇円です」などとやりとりをしているうちに、彼女は副業について口を滑らせた。

「部屋を巡回して、洗濯物がないかチェックするんです。もちろん清掃中が一番狙い目ですが、それ以外の時間帯にも部屋に入って洗濯物をさがします。あれば、家に持って帰って洗濯するから二、三ドルほしいという交渉をするんです。そうじゃないと、二〇〇円だけじゃ食えないですよ。私はホテルの清掃歴が長いですが、もっと露骨なことをしている人もいます」

カラカス滞在期間中に私は人々の月給を聞いて回ったが、左記がその表である。私が現地で出会った人たちの自己申告で裏付けはない。なお、このとき（二〇一九年九月）の最低賃金は月額二〇〇円である。

有名和食店のマネージャー　六〇〇〇円（チップ別）
外資系スーパー店員　三五〇〇円
ショッピングモールの美容師　三〇〇〇円
大衆レストランの店員　一〇〇〇円～二〇〇〇円（チップ別）

国営総合病院の看護師　六五〇円
バイクタクシーの運転手　四〇〇円
タクシー運転手　三〇〇円
大手都市銀の窓口の女性　三〇〇円
闇両替屋の女性　三〇〇円
中流ホテルの清掃員　二〇〇円
公立小学校の教師　一〇〇円

参考：隣国コロンビアの最低賃金（約三〇〇〇〇円／月額）

オマルが付け加えた。

「そうやって副業などでやりくりしても食えない人、もしくは我慢できない人たちはコロンビアを筆頭に周辺国に行ってしまうのだと思う。とくに若い人たちが出て行っています。ただし、戻ってきている人たちも結構いるんですよ」

国外への移民が四〇〇万人というのは異常だが、前述したように私はベネズエラから陸路で出国し、多くのベネズエラ人と共にコロンビアの入国審査に並んでいる。その日はあいにくいつもより人が多く十二時間ほど並んだが、彼らは必ずしも移民が目的ではなかった。一時的な買い物、もしくは商用で出国する人も非常に多く彼らも移民の数字にカウントされてしまっている可能性はきわめて高い。したがって実数はその半分くらいではないかと思う。

私はオマルに、一般庶民の感覚として、現在のベネズエラの問題は何だと思いますか、と問うと彼は間髪入れずにきっぱりと答えた。

「国民の収入が極端に低いこと。停電が多いこと。政府の動向が不透明で情報が出てこないこと」

四、

その日、私はサバナグランデ駅の近くにあるショッピングモール「レクレオ」の一階にあるマクドナルドの前にいた。ディスコテカで出会ったアナに会うためだった。ランチを一緒にとったあとで博物館に連れて行ってもらうことになっている。

アナは約束の時間を十分ほど過ぎてやってきた。黒のハーフパンツに白のタンクトップというラフな恰好だが、ポニーテールにした赤茶けた髪毛がエキゾチックな雰囲気を醸し出している。たっぷりとした量感のある胸元が揺れている。

平日の昼下がり、店内の客席は三分の一ぐらい埋まっていた。

「奢ってくれるんでしょ？　マックなんて久々だわ。いつもアレパばっか食べてるから」

そう言ってウィンクしたアナは、このあたりの闇両替屋で働いているという。

「月給は三〇〇円で食えない。コロンビアに行くしかない」と不機嫌そうな声を漏らした。いま注文したハンガーセットが約三〇〇円である。飲み物はストレートティー一種類のみだった。私たちは二階の一番奥の席に座った。

私はこれまでの取材の経緯を話した。アナはふっと冷笑して声を強めた。

「もっと悲惨な人たちがいっぱいいるわ。あなたは人の給料ばかり聞いて歩いているようだけど、この国には仕事がなくてあぶれている人たちがたくさんいるのよ。つまり月給はゼロ円。その人たちのことを忘れていない？」

もっともである。

「その人たちはどうやって生活しているんだ？」

「強盗にゴミ漁り、殺しだって平気でやるわ。家の中にも押し入ってくる。あなたはホテルにいるから、そういう恐怖が分からないのよ」

アナは人差し指と親指を広げて、銃を撃つ仕草をした。

「そういう場所に連れて行ってくれないか？」

アナは呆れたような表情で首を横に振った。

「あなた、自分が何を言ってるか分かってるの？　そんなところに行ったら殺されるし、私の身だって危ないのよ」

オマルは日本人学校の人であり、オマルを私に引き合わせた紹介者は日本人である。私を危険な場所に連れていくはずはなかった。これまで回った場所は言わば安全パイなのである。もっと生々しい場所を見てみたかった。

アナにそう告げると、彼女は溜め息をついて胸元からスマホを取り出した。花柄のネイルがデザインされた長い指で画面をタッチすると、本体のホームボタン付近を口元に近づけてメッセージを吹き込み始めた。ワッツアップで音声メッセージを送っていた。「日本人の取材者が来ているんだけど、誰か彼をバリオ（最貧困地区）に連れて行ってくれないかしら」というようなことを言っている。

それにしてもアナは「月給は三〇〇円で食えない」と言いながら、指先にはお洒落なネイルを施し、新しそうなスマホを持っている。血色も良さそうでよく食べてそうな印象さえ受ける。アナのように、食えない、と言いながらそう見えない人たちが少なくないのがベネズエラの不思議なところである。

アナは二十八歳だった。カラカス西部のヌエボ・オリソンテ（Nuebo Horizonte）という山の斜面に切り拓かれた小さな町で生まれ育っている。カラカスの中心部から車でおよそ三十分ぐらい。あとでオマルに聞いて分かったことだが、そこはベネズエラ国内にあるコロンビア移民のコミュニティの中でももっとも危険なエリアだった。

かつてコロンビアは、左翼ゲリラ、右派民兵、政府軍、麻薬カルテルが入り乱れた内戦的な状況にあり、ベネズエラへ流れていく移民が絶えなかった。アナの祖父母はゲリラの蹂躙によってコロンビアの農村部を追われたのだという。

アナは高校在学中の十七歳で長男を、二年後に次男を出産したがその頃に旦那が失踪。自動車修理士の父の稼ぎでどうにか子供たちを育ててきたが二年前に父が病死。母とはすでに離婚していたので、アナは二人の子を連れてセントロ（中心街）に出て叔母の家に身をよせている。二十五歳にして初めて両替屋のフルタイムの職に就いたが、看板のない闇両替の店だという。

ワッツアップの音声メッセージが届いた。

「ヌエボ・オリソンテにいる従兄弟からだけど、外国人と一緒にいるのを見られるのは危険だって。日中は一見して普通の町だけど、コロンビアの麻薬組織や元ゲリラが身を潜めているからね。あなたの情報がどこでどう伝わるか分からないのよ。代わりに私が博物館の帰りに面白い場所に連れて行ってあげるわ」

アナはそう言って悪戯っぽい笑みを浮かべた。

「ところで、コロンビアペソの件はどうするの」とアナは話を変えた。

今回のベネズエラ入りに際にして、私はドルとコロンビアペソを持っていた。だがメリダで使えたコロンビアペソはカラカスの飲食店や雑貨屋ではまったく使えず、公式の両替所でもレートが極端に悪かった。オマルからデイビットカードを借りてドルを入金してそのカードを使っているが、やはり現金のボリバルがないと露店や交通機関やチップなど、何かと不便だった。ドルはいざというときのためにとっておきたいので、私はコロンビアペソの両替をアナに打診していたのである。

「三千円分ぐらいのボリバルは欲しいな。代えてくれないか？」

アナの目が輝いた。

「いいわ。ただし、三千円分じゃ少ないから、せめて五千円分にして」

私はアナの目を思わず見つめた。五千円分のボリバルとなれば紙幣の枚数は一千枚近くになるかもしれない。移動に現金を入れるバッグが必要になるし、市中にボリバルはあまり出回っていないからそんな額を一気に両替できるとは思えなかった。偽札をつかまされる可能性もあるし、そもそもそんな額のボリバルは必要ない。

「残りの滞在期間は数日だからそんなに必要ないんだ。三千円でも多いぐらい」

「分かった。じゃあ三千円でいいわ」

私は渋々と頷いた。アナは更に続けた。

「お金は先に預かるわ。ちょうだい？　あなたはここで三十分待っていてくれる？」

私は一瞬ためらいつつ、「アナの店まで一緒に行くよ」と言った。アナは首を横に振った。

「うちの店にコロンビアペソはないから、ほかから集めてくるの。だからここで待っててくれる？」

私たちは見つめ合い、探り合った。

「疑ってるのね。私のことを」

ぽつんと漏らして、寂しそうな表情をした。

「分かった、分かったよ。任せるから頼むよ」

私はカーゴパンツの太もものポケットに入っている財布からコロンビアペソを取り出してアナに渡した。アナは満足そうに頷いてからショルダーバッグに現金を入れると席を立った。

「三十分で戻ってくるね」

アナは本当に戻ってくるだろうか。アナ以外にカラカスの生々しい場所に連れて行ってくれる知り合いはいない。彼女に頼るほかなかった。

アナはしかし、三十分が経っても一時間が経っても来なかった。いよいよ観念し始めたとき、赤茶けた髪毛が階段をのぼってきた。急いでいる様子はまるでなく、のっそり歩いてきて私の前で相好を崩した。

「コロンビアペソ、買ってくれる人はいなかったわ。残念ね。それより、あなた、今夜の晩ご飯はどうするの?」

そう言ってコロンビアペソをひらひらさせて、踊るようなポーズを取っている。アナからコロンビアペソを受け取ってバッグに仕舞うと、「それより、まずは博物館だろ」と私は無愛想な声を返す。

「そうね。あなた、外国人観光客が来ているか知りたいのよね」

私たちは席を立ち、店を出た。サバナグランデ駅から地下鉄に乗って西へ六駅目のホジャダ駅で降りた。新宿から上野へ行くような感覚だろうか。駅を出るとまばゆい光と共に「ドル、ドル」という路上の両替商たちの複数の声がこだましてくる。駅からやや勾配になっている道を北へ五分も進むと街の様子が変わってくる。道の両脇にプランターや植木鉢が綺麗に並べられ、日射しを受けてきらめいている。道沿いにはお洒落なカフェがあり、郷愁を誘う石畳の路面が奥に伸びている。このあたりはカラカスの繁華街の観光スポットで、教会、国会議事堂、市庁舎、ボリーバル広場、ボリーバル博物館、ボリーバルの生家がある。

ボリーバルは十九世紀初頭に活躍したベネズエラ出身の軍人・政治家で、ベネズエラ、コロンビア、エクアドル、ペルーをスペインの植民地から独立に導いた英雄である。

日曜日の夕方前だというのに、あたりは閑散としていた。二〇一一年十月に訪ねたときはカメラを手にした外国人観光客や家族連れで賑わっていた。

アナと共にボリーバルの生家とボリーバル博物館で記帳を確認した。達筆すぎて判読できない人もいたが、本日の来館者はベネズエラ人が十二人で、外国人は、オーストラリア人、イタリア人、ドイツ人、中国人、ブラジル人、コロンビア人だった。

「過去一ヶ月分の記帳を見せてもらえませんか?」と私は尋ねた。

係員の女性が首を振るとアナが間に入って事情を説明した。が「責任者が不在」、「規

ボリーバルの家

則」等で見せてはもらえなかった。係員によればこの三年ほど来館者は激減し、外国人はせいぜい一日二、三組ぐらいの割合ではないかということだった。

　その後、私たちは広場をぶらぶらしたりカフェに入ったりした。そのとき私はアナに聞いてベネズエラではブラックコーヒーのことを「ワヨヨ」と呼ぶのを初めて知った。日本で習うスペイン語では基本「カフェネグロ」である。コロンビアでは「ティント」と呼ぶが、アナはコロンビアからの移民コミュニティで生まれ育っているゆえに違いに敏感なのだろう。ほかにもいくつか両国のスペイン語の違いを教えてくれた。

やがて夕闇が街並みを群青色に染めた頃になってアナが「そろそろ行こうか」と微笑を浮かべた。アナが案内したい場所はここから南へ歩いて十五分ほどのレクナ（Lecuna）というところだという。

私たちは来たときのホジャダ駅を通り過ぎて車道に出た。駅の周辺にはまだ人通りがあったが、車道を南へ行くにつれて人の影と街灯がぐんと少なくなった。ゴミが増え、路面は所々舗装が剝がれたりぐらついたりしている。途中、マンホールの蓋がない穴に思わず足を取られそうになると、アナは私の手を慌てて握り、そのまま手をつないだ状態で歩いた。アナが体を寄せてきて「恋人同士みたいね」と笑う。悪い気はしなかった。

大きな交差点を左に折れると人の気配がほとんどなく身構えたが、しだいに人のざわめきが微かに聞こえてきた。アナの手のひらは汗ばむことなくすべすべしていた。

小さな角を曲がった。様子が一変した。

街娼だ。

女たちは街灯のあかりを避けるようにして外壁に寄りかかっていた。ピンクや黄色のミニスカートが怪しげな色気を誘っている。なかには少女のようにあどけない娘もいて、男たちがハイエナのような目を向けながら通りを往来している。

警察の四人組がこちらに近づいてきた。アナが咄嗟に壁に私を押しつけ、腰に腕を巻いて厚ぼったい唇を押しつけてきた。「この国は警察が一番危険なの。とくにあなたは外国人だから狙われやすい」と声を潜めた。そして、しばらく抱き合ったまま警察が角を折れたのを見届けると、「部屋、行くでしょ?」と耳元で囁いた。

急な展開に思わず生唾を飲んで頷いた。

アナに先導されてホテルに入った。白壁の小さなエントランスでテレビを見ている中年の男性に促されて一泊分の料金の約八〇〇円を払って細い通路を奥へゆく。木造の扉が両脇に等間隔に並んでいる。ベッドのスプリングが激しく軋む音と女の悲鳴のような声が間歇的に聞こえている。その中の一室の立て付けの悪い扉を大きな鍵で開けて明かりをつけた。

白いリノリウム風の床にベッドと片方に申し訳程度のサイドテーブルとスタンド。奥のスペースに便器と洗面、それに半透明のプラスティック板で仕切られたシャワールームがあった。

アナが再び唇を深く重ねてくる。柔らかい感触に脳が痺れてゆく。やがて口を離すと彼女は掠れた声で言った。

「先にシャワーに入って」

胸の鼓動がぐんぐん高鳴っていくのを感じながらシャワールームのほうへ行く。あたりには取っ手のようなものがないので、肩から斜めにかけているショルダーバッグと服類をシャワールームの前に置いて中に入った。

「お湯、出るかしら？　タオル、洗面台の上に乗せて置くね」とアナの声が近くで聞こえている。

シャワーといってもシャワーヘッドが付いているわけではなく、壁についている細長い官から流れ出るのである。蛇口を回すと勢いよく水が出た。

「わっ、冷たいよ」

「少し待ってみて。ねえ、ディスコテカで一緒にいた人は何をしている人なの？　今度いつ会うの？」

私は数日後にはカラカスを発つ。オマルに空港まで送ってもらうことになっているが、そのときにデイビットカードを返さなくてはならない。

しばらく待ってもお湯は出ない。アナにオマルの説明をすると、私は思い切って水を浴びた。カラカスの夜は肌寒く寝るときはトレーナーの上下を着ているぐらいだ。私は震えながら慌てて水を浴びて半透明のプラスティック板の扉を開けた。

部屋の電気は消えてスタンドのか細い明かりだけがついていた。

洗面台の上にかけてあるタオルをとって、ふいに胸騒ぎを覚えた。

「アナ?」と声をかけたときにはもう遅かった。ショルダーバッグがなかった。私は息を詰めてズボンのポケットをさぐった。財布が、ない。自分が立っている地面がぐらぐら揺れるようだった。

バッグの中にはコロンビアペソが約一万円とドルが約一万円、日本から持って来た折りたたみ傘と笛と小さなペンライト、それにメモ帳とパスポートのコピーが入っていた。財布の中にはオマルから借りたデイビットカードとホテルの名刺とドルが約一万円。パスポートの本紙と日本から持ってきた国際キャッシュカードとクレジットカードはさすがに持ち歩いていないので損害額としては約三万円である。が、問題はオマルのデイビットカードである。

水を浴びて冷えた体がかっと火照っている。

慌てながらようやく衣類を身につけ、周囲を確認して部屋を出る段になって、思わず声が出そうになった。ベッドに財布が投げ出されていたのだ。急いで中身を確認するとさすがに現金は抜かれていたがオマルのデイビットカードはあった。

アナを追いかけようとしたが、私は少しほっとしてベッドに腰掛けた。急に体から力が抜けて大きく息をついた。今さら追いかけても間に合わないだろうし、これがあれば最悪は免れている。

いったい、アナはいつから狙っていたのだろう――。今日の約束をした時点から考えていたのか、マクドナルドでコロンビアペソを見せたときか、それともこの部屋で私がシャワーに入ったときか。マクドナルドでコロンビアペソを持ってきたことで警戒心が緩み、アナの女としての狡知に気づかなかった。迂闊だった。

少し気分を落ち着かせてから、私は部屋を出た。周囲の部屋からは女の途切れ途切れの切ない声が響いている。受付で鍵を渡して通りに出た。女との交渉を終えてこちらに歩いてくる男女が淫猥な雰囲気とキツい香水を振りまいている。念のため周囲にアナがいないかどうか確認してから、私はタクシーを捕まえてホテルの名を告げた。運転手がにやけ顔を向けながら下卑た声で言った。

「いい女がいたかい？　いくらだった？」

アナのすべすべした手のひらと厚ぼったい唇のぬくもりがまだ残っている。アナは、どうしてデイビットカードだけ残したのだろうか――。

第三章

三度目のベネズエラ

一、

スマホの画面を見ると、ワッツアップの電話着信が三度あった。いずれも「侍や」の高橋社長からだった。二〇一九年十一月中旬。私はメキシコのティファナのゲストハウスにいた。

折り返すと高橋社長はすぐに出た。

「あ、北澤君、メキシコにいるんだっけ？　ベネズエラの件が決まったよ」

「えっ？」

要領を得ないいつものパターンである。七十六歳の高橋社長は裸一貫で起業してコロンビアで四十年に渡って日本食レストランを経営し続けている。コロンビアの保健所のタカりや嫌がらせを跳ねのけ、若い頃はボゴタの酒場でマフィアや警察とも揉めてきた。頑固で人の言うことを聞かず、頭を下げたくないタイプだ。そして、思いついたらテコでも動かず、すぐに実行に移したい。

日本の企業でいえば、深夜に役員や部長クラスを招集して会議をおこなってしまうタイプだろうか。元部下の私は、とっくに「侍や」を退職しているとはいえ、彼の中で私は永遠に部下なのだろう。しかし面倒見はすこぶるよい。

「ハイロがさ、ベネズエラでの君の受け入れ先を見つけたってさ」

「えっ、今頃ですか？」

ハイロは「侍や」の門下生でベネズエラに十年近く住んでいたことがある。私の一回目のベネズエラ行きに際して受け入れ先を探してもらったが返事はなく、二回目のベネズエラ行きの際も打診したが結果は同じだった。その案件の回答が今頃になってきたのである。何というタイムラグだろう。さすがは南米だ。私は言葉をつないだ。

「ベネズエラは今年だけで二度行ったからもう充分ですよ」

アナの件は高橋社長には伏せてある。あれから私はコロンビア経由でキューバとグアテマラを回り、今はメキシコに滞在している。

「それがさあ、受け入れ先はカラカスの日本食レストランなんだよ。オーナーは有名な日本人で年は俺より少し下。そこで働きながら生活者の視点でベネズエラを見れるわけだ。

君は外部からちょこちょこベネズエラを覗いた程度だろう。それじゃあ、住んでる人々の気持ちは分からない。だから、こんないい機会は滅多にない」

困ったなあ。高橋社長がそう言い出したらもう止められない。嫌な予感しかない。

「俺から先方のオーナーには一報入れておいた。住所と連絡先はあとで送るよ。カラカスに着いたら二、三日はホテルに泊まって様子を見ながらその間に挨拶に行けばいい。じゃあ、あとはよろしく」

「えっ？　よろしくって？　しゃ、社長！」

こちらの予定などお構いなしに人身売買のように話が進んでしまったのである。こうして私は好むと好まざるとに関わらず再びベネズエラの地を踏むことになった。

ところが――。

二〇一九年十一月二十七日。カラカスのシモン・ボリバル国際空港にはオマルが迎えにきてくれた。空港内の二ヶ所の両替所でドルの両替を試みたがボリバルは枯渇していてないということだった。私は前回滞在のセントロのホテルに荷を解いた。オマルがいるうちに彼のスマホを借りて件の日本食レストラン「スカイ」のオーナー、仲田哲郎に電話を入れた。

「もしもし、ボゴタの《侍や》の高橋社長から紹介された北澤です」

「はい、どうもこんにちは。今カラカスですか？　どちらですか？」

はきはきとした低くて丁寧な日本語が聞こえる。

「セントロの××というホテルにいます。お店はいつから行けばよろしいでしょうか」

「……実はですね、その件ですが、背景がよく分かってないんですよ。ハイロと高橋さんから電話が来て、北澤さんという日本人が行くからよろしくと」

「えっ？　それだけですか」

軽いめまいを覚える。南米流儀に染まった高橋社長にありがちなパターンだった。これまで「侍や」で働いた日本人は私を含めて三人。そのうち一人はバックパッカーの末に「侍や」に居着き店を手伝うようになると「いつか暖簾分けしてあげる」という社長の言葉を信じた。しかし数年ののちに青年は改めてその件を問うと社長は困惑し「暖簾の生地ならいつでも分けてあげるけど……」と呟く。まったく覚えていないのである。悪気がないだけにタチが悪く青年は涙を呑んで帰国の途についた。にもかかわらず社長は「彼はどうして帰国しちゃったんだろう。ほかの従業員と衝突したのかなあ。北澤君は何か聞いてない？」と暢気なことを言っている。

今回の話があったとき、私は現地で働いてベネズエラの日常の風景に溶け込んでみるのも悪くはない、と思い始めていたが、どうやら高橋社長とハイロのフライングで話が伝わっていないようだった。

仲田は一九四九年生まれ。六九年に電気製品エンジニアとして日本企業の派遣でベネズエラ入り。その後、起業してカラカスに五店舗の日本食レストランを持つオーナーとなった。ベネズエラでもっとも成功した日本人の一人である。

仲田は言った。

「うちの店も人を雇うような状況ではないんです。申し訳ないですね。ただせっかくいらしたので、しばらく泊めてくれる場所を探しておきました。ディナという面倒見の良い女性がいます。このあと彼女の番号を送るから連絡してみて下さい」

私は紳士な仲田に礼を言って電話を切った。

ディナという女性にすぐに電話をかけると、タイミングよく近くにいることが分かった。

しかし「路上にいる。来れば分かる」と妙なことを言っている。

オマルと共に彼女がいるというサバナグランデ駅の地下鉄の階段の前まで行くと、人混みのなか、赤い髪の女性が東洋人の私を見つけ、破顔一笑、手を振った。それが、ディナとの出会いだった。

ディナは路上でジュースを販売していた。なるほど「来れば分かる」というのは、そういうことだったのか。ディナと一緒に行動すればベネズエラの日常に触れることができるのではないかと思った。

私が自己紹介すると、あっさり「今日からうちへおいで」と微笑む。ジュースの販売を手伝いたいと言うと「好きなようにすればいい」と寛容だ。こうして私はディナの家を拠点にしながら今年三度目のベネズエラを体感することになる。

高橋社長に事の顚末を報告すると「それは良い出会いがあって良かったね。仲田さんに感謝しなよ〜。ピンチはチャンスの始まり」などと調子のことを言っている。あんたが焚き付けておいてそれはないだろうと喉元まで出かかったが、どうにか飲み込んだ。

ディナは一九六〇年生まれ。カラカスから車で西へおよそ一時間ほどに位置する人口約二〇〇万人のマラカイという街の出身だ。細面の顔でいつも笑顔を絶やさない。よくしゃべる。行動的で素敵な女性だ。

ディナの夫はコロンビアでコックをしている。ベネズエラの高級店で働いていたときの最高月収は九五年の約三十万円。当時の日本円の感覚では一〇〇万円近いだろうか。しかしチャベス政権以降、給与は下降し続けて二〇一八年の暮れにはついに月給八千円に。いよいよ危機感が募り同じ頃にコロンビアに単身移住したのだが、一六〇万円ほどになっていた退職金は一六〇〇円になってしまったという。それすらもらえていない状況で新天地を求めざるを得なかった。

ディナの夫のように大黒柱が単身赴任で近隣諸国へ行くケースは多い。近年の国家破綻寸前と言われる状況で隣国コロンビアに流入したベネズエラ人は約一三〇万人で移住先としてはダントツに多い。

こうした人たちが国外からベネズエラの家族に向けて送金する額は《二〇一九年には約四十億ドル（約四三〇〇億円）に達すると見られており、その数は約三四〇万人だという》（スペイン日刊紙「ＡＢＣ」二〇一九年十二月三一日）。

もっとも、後述するようにディナ夫婦の場合は単に出稼ぎというわけではない。妻のディナが一人でカラカスに残っている理由は二つある。

ひとつは自営業の仕事を持ち、このような状況下であっても最低賃金の何倍も稼げているからだ。朝の八時から二十時まで乳母車のようなカートに三十キロほどの容器を乗せてネスティを販売している。

透明のプラスチックコップの小サイズが一杯一万ボリバル（約二十五円）、中サイズが一万五千ボリバル（約三十八円）、大サイズが二万五千ボリバルだ（約六十二円）。《二〇一九年十一月二十八日時点／一ドル・四万〇四八二ボリバル》

サバナグラン駅の駅前で販売しているディナに同行した三日間のうちもっとも売れた日は、小サイズが四杯、中サイズが六杯、大サイズが一杯で売り上げは三九〇円だった。この月のベネズエラの月額最低賃金が約四〇〇円である。天気の良い日は一日で一〇〇〇円稼ぐときもあるが、雨の日は仕事に出ない。所場代のようなものはなく、経費はネスティの粉末代と家の冷凍庫で作る氷だけである。

ディナは言う。

サバナグランデ地区

「勤めに出たってたかが知れている。自分で何かを売ったほうがいい」

もう一つは私が居候しているディナ夫婦の家のことだ。サバナグランデ駅周辺の好立地にある築五十年の五階建てのマンションはディナの夫が九五年に賃貸契約したものだ。ところが、四、五年前に政府が買い上げて分譲になることが決まった。現在住んでいる居住者が優先的に権利を得られることになった。しかし政府がビルのオーナーに依然として金を払っていないので、宙ぶらりんのままなのだという。

くわえてベネズエラの不動産は占有権が強く、極端な話、家を空けている間に誰かが侵入して「ここは俺の家だ」と主張すれば部屋の所有者になれてしまう。そのような状態ゆえにディナはカラカスを離れられないのだ。また、建物の所有権が曖昧になっているからメンテナンスもどちらもおこなわず、私の滞在中、水が使えたのは週に三回ぐらいだった。

家といえば、こんなこともあるという。

家賃と水道代はセットになっており、電気代とガス代は別々に請求が来る。しかしガス代は二〇〇一年頃に払ったのを機に一度も請求が来ていないというのだ。別の部屋の集合ポストには時々ガス代の請求書が見えたりするので、明らかにおかしい。これは得をしているパターンだからディナは何も言わないが、ベネズエラの社会インフラの管理運営は、このように曖昧で適当なことが多いらしい。

ディナが六十年近くこの国で生きてきてもっとも驚いたのは、十年ほど前だ。ある日、役所に行く機会があった。日本でいう住民課で戸籍謄本のようなものを見て腰を抜かしそうになった。なんとディナは戸籍上、とっくの昔に死んだことになっていたのだ。不思議なのは死んだ人間なのに選挙にはちゃんと行っていて、大統領選挙の投票履歴は残っているのだという。

私の滞在中、停電や断水は日常茶飯事で、地下鉄の脱線事故や国際線の飛行機のトラブルもあった。ベネズエラ日刊紙「エル・ウニベルサル」（二〇二〇年一月十四日）によれば、《ベネズエラ国民が国を出る理由は、公共サービスの脆弱さだという。調査機関が国内の大都市でおこなった調査によれば、二十三％の人が公共サービスの不安定さを理由に移住を考えている》と語っている。

この結果、例えばベネズエラでは銀行で働く職員が一年間で五五六五人減ったという（ベネズエラ日刊紙「エル・カラボベノ」二〇二〇年一月八日）。あらゆる業界でこうした空洞化、頭脳の流出が起こっているから、インフラはますます悪化の一途を辿っていくだろう。

ディナもオマルも仲田も、「この国はインフラ設備のメンテナンスがとにかくできない」と強調していたのが印象的だ。ちなみにディナ夫婦のひとり娘はコロンビアの地方都市に嫁いでいる。

ディナはマンションの居住者全員に私を紹介してマスターキーを持たせた。ベネズエラでもっともポピュラーな携帯電話の米携帯メーカーの「ビーエルユー」も三千円ほどで

ディナの手料理。左はプラタノ

買った。日常の買い物の手段は前回同様、オマルからデイビットカードを借りた。街の露天商仲間にも私を紹介した。そして、もっとも肝心なことは「あなたを地元の警官に紹介すること」で、サバナグランデ周辺の警官二十人ほどに私を引き合わせた。これをしておかないと、身元不定の外国人ということで検挙されてしまう恐れがあるからだ。

この日の夜はディナの手料理を味わいながらそんな家の話などを聞いていた。卵とコリアンダーを混ぜたスクランブルエッグ風に茹でたプラタノとご飯である。

路上でネスティィを販売しているだけあっ

ネスティの容器

て、ディナはカラカスの庶民層をよく知っている。私は気になっていることをいくつか尋ねた。
「国家破綻寸前と言われているのに、カラカスの庶民層の中には太っている人が多いですよね。これはどうしてだと思いますか?」
ディナは笑い出した。
「それはユカのせいじゃないかな。糖分が多いんだよ。金のないバリオ（貧困街）の人たちはタダ同然のユカばかり食べているから、栄養が偏って貧しいのに太っていく。大人はいいけど、可哀想なのは子供だよね」

ユカとはキャッサバのことである。

「路上でネスティを売って四年ほどになるということですが、ここ数年、何か気づくことはありますか?」

「みんな靴や服を買わなくなったねえ。ベネズエラ人はお洒落なのにみんな買えなくなっているんだよ。それだけ稼ぎが減っているということ。毎日ネスティを買ってくれる中流層の会社員も一年ぐらい同じ靴を履いている。今までのベネズエラではあり得なかった」

おりしもテレビのニュースはクリスマス商戦の靴屋の特集だった。街でもっとも安い靴は約二三〇〇円だという。これに対してリポーターが路上で感想を聞いて歩くと、誰もが異口同音に「高い」、「買えない」と答えていた。もっとも、後日、ディナと街を歩くとこれより安い靴はいくらでもあったのだが。

テレビのチャンネルを切り替えると、「グロボビシオン」というニュース番組に目が止まった。先日起きた地下鉄の脱線事故について美人キャスターがコメンテーターのエコノミストに感想を求めると、その男性は最後にこう付け加えた。

「それから、この国は停電の問題が一向に改善されない。まずは国の電気を回復するべきだ」

私は驚いた。ベネズエラは独裁国家と形容されることがある。政府批判のニュースがゴールデンタイムに流れているとは思わなかったのだ。

しばらく茶の間でテレビを見ていると、ディナのスマホが鳴った。二言三言を交わして電話を切ると、彼女は「ちょっと出てくる。今日はもう遅いから外には出ないで」と言って薄手のパーカーを羽織った。時計は二十時を回っていた。

「どこへ行くの？」と私は玄関に向かった彼女の背中に声をかけた。

ディナは振り向いて眉間に皺を寄せると、小声で答えた。

「下に警官が来ている。サバナグランデで事件が起きると、警官は駅周辺の露天商を集めて聞き込みをするの。警官が何て言うか分からないけど、せっかくだから、あなたもおいで」

ディナに続いて慌てて部屋を出た。

アパートの前にはキヨスクとコンクリート製のベンチがある。日がくれなずむ頃になると学校帰りや仕事帰りの人たちが集まり、大人と子供がベンチでチェスに興じたり談笑したりする。

　ベンチの回りに三人の警官と顔なじみの露天商たちが集まっていた。キヨスクは二十時に閉まっており、弱々しい街灯が周囲を照らしている。ヘッドライトが片方しか付いていないバスが目の前の通りを走っていった。

　群がりの中に入っていくと、ディナと警官が顔を近づけて何やら話し、交互に私を見やった。ディナが群がりから私を出して言った。

「あなたは話を聞いちゃダメだって。あそこの角の中華屋で待ってて。この前一緒に行った店よ。私が来るまで店から出ちゃダメよ」

　私はわずか五十メートルほどの距離の道を警戒しながら歩き、飛び込むようにして中華屋に入った。入口付近がバーカウンターになっており、奥で中華料理の食事を出している。奥には家族連れの客が一組だけだった。

　バーのほうにはカップルらしき男女が一組。カウンターに座って奥のほうに向かって「こんばんは」と声を上げると中国系の女将がやってきた。

「あらっ、ディナはどうしたの？」

「あとで来ます。待ち合わせです。コーラを一本」

するとカップルらしき男のほうが声をかけてきた。

「おっ、ディナと一緒にいる日本人だな」

どこかで見た顔だと思っていたら、サバナグランデ駅の周辺でガムや煙草を売っている四十代ぐらいの露天商だ。一回りくらい下の女の腰に手を当ててご機嫌な様子だ。

「酒は飲まないのか？　日本人」

「あまり好きじゃないんです。ところで、警官とのミーティングには行かないんですか？」

男の目は時が止まったように見開かれ、私を見つめた。マズいことを言ったかもしれない。

「ディナがそう言ったのか？　どこでやってる？　彼女のアパートの前か？」

私が頷くと、男はスマホの着信履歴を確認して舌打ちした。おそらく声がかかっていないのだろう。

「犬だよ」

男はそう言ってせせら笑った。

「露天商の大半は警察の犬になっている。事件の犯人などのモンタージュ写真を渡されたりしている。街で怪しげな奴を見かけたときも報告しているんだ。スパイみたいなものだ。でも、俺は警察の犬にはならない」

強がりなのか、本音なのかは分からない。

「日本人、この国で悪い奴は誰か知ってるか？」

私が考え始めると、男は畳みかけるようにして声を強めた。

「警官だよ。警官という立場を利用して、悪さをする奴がいる。露天商をやってると、そういう情報が入ってくる。俺は連中の弱みを知っている」

だから俺はミーティングに呼ばれない、と言いたいのかもしれない。

「ディナが来るのか？　邪魔しちゃいけないから、帰るよ。あんた、この国に住んでいないから分からないだろうけど、この国は、公的な連中ほど信用しないほうがいい」

男は立ち上がって、少しふらつきながら奥のほうで会計を済まして戻ってきた。

「日本人、またな。ようこそベネズエラに。この国を楽しんでいってくれ」

二人が店を出ると、入れ替わるように女将が二本目のコーラを持って来た。私は手を振った。

「一本しか注文していません」

「違う、さっきの彼からプレゼントよ」

ディナに彼との会話を話すべきかどうか迷いながら、私は一本目の残りを一気に呷った。

第四章

刑務所にいた日本人

ベネズエラの刑務所にいた日本人の話をもたらしてくれたのは、ディナだった。

「何人かいたみたいよ」

それも複数だという。露天商のディナは豊富なネットワークを持っている。しかし、それ以上のことは分からず話は終わっていた。

ところが、ひょんなところから、ディナの話が浮かび上がってきた。後日、コロンビアでベネズエラに縁のある日本人と話していたときのことだ。ベネズエラで長く空手を教えていた有名な日本人がいたらしく、ついでに日本人社会の動向を尋ねると、その人は、思い出したように声を上げた。

「そういえば、カラカスの刑務所にいた日本人がいる。出所してもう帰国している」

私はその人を通じて〝彼〟にコンタクトをとった。刑務所という閉鎖的な空間から、ベネズエラ社会の一端を見ることができるのではないかと思ったのだ。

日本で待ち合わせると、〝彼〟は私より先に来ていた。四十歳になったばかりというが年齢以上に若々しく見目もよく、バンドマンを思わせる風貌だった。

〝彼〟の話に耳を傾けてみよう——。

一、

映画の主人公になったようなスリリングさはあった。お金が欲しかったというより、冒険を楽しんでいたのかもしれない。でも、捕まってしまえばいいことは何もない。

何から話せばいいだろうか。この仕事に関わるようになったのは、旅に出るようになった二十代後半から。もともと俺はレイブ音楽が好きで、アジアやヨーロッパを旅してレイブパーティーに参加していたんだ。

あるとき、レイブ仲間の元カノの日本人から〝仕事〟の話を持ちかけられた。彼氏がフランス人でその〝仕事〟に関わっているのだという。レイブは少なからずドラッグ好きが集まるから、その仕事――つまりコカインの運び屋にはそれほど抵抗はなかったんだ。

二十キロ運んで報酬は約三〇〇万円。あとで分かったことだが、初回ということで、足もとを見られていたんだ。リスクのある仕事だから、もっと高くてもいいはずなんだ。

怖くなかったかって？　そのフランス人から「日本のパスポートは税関で信用されているから大丈夫」、「捕まっても金ですぐに出してやるから心配するな」と言われていたので、すっかりそんなもんかと思い、不思議と怖さはなかったんだ。

ただし、ひとつ問題があった。相棒が必要なんだ。それも女性の日本人。つまり誰かを巻き込まなくてはならないのだけれど、首尾良くレイブ仲間の女友達が見つかり、決行することになる。彼女への報酬も約三〇〇万円だ。

日本の俺の家にまずはフランス人から二人分のベネズエラ行きの航空券が届く。それまで中南米に行ったことがないから、コカインを運ぶことよりも、むしろ中南米に行くことに対する怖さのほうがあったよ。

カラカスでは準備が整うまでプール付きの高級ホテル暮らしになる。外出は禁止。やることがなくて退屈だなと思っていたある日、急に呼び出しがあった。住宅街の一戸建ての家に連れて行かれて、ピッキングの作業を手伝ってブツとご対面だ。DJ用の機材の中に袋入りのコカインを詰め込むんだ。これをマドリード行きの国際線の航空会社カウンターに預ける。航空会社の職員はもちろんそんなことは知らないが、カウンターの裏で荷物の検査をおこなう警官を買収しているんだ。

さて、カウンターでチェックインを済ませて税関を通るとき、彼女が極度の緊張のせいで泣き出してしまったんだ。無理もないだろう。俺もまったく緊張していなかったわけじゃないけど、見張り役も付いてきているから、そのことのほうが気になって仕方なかった。どうにかなだめて無事に税関を通り抜けて搭乗ゲートまで着いたよ。

見張り役は時間をズラして別の便でマドリードに向かうんだ。だから搭乗ゲートまで付いて来る。俺たちが搭乗して離陸する際に見張り役の携帯電話にワン切りをする約束になっているんだ。

それから約九時間。マドリードに到着してDJ用の機材を無事に受け取ることが出来たけれど、これで終わりじゃない。手配済みの車に乗って陸路でフランスまで行くんだ。見張り役の先導車と共に国境を越えて目的の街に着いたときには、ようやくほっと息をついた。気が付いたら終わっていたという感じで、あっというまだった。報酬もちゃんと受け取れて俺たちは無事に帰国することが出来た。

ところがさ、泡銭ってすぐに終わっちまうんだよ。半年ほど経って、ちょうどお金がなくなりそうなタイミングになって、元カノから連絡が入った。俺はすぐに話に乗った。

ただ、前回の女友達は懲りてしまったので、違う人をさがした。レイブ関係者を辿って見つけると、早速二回目のミッションに取りかかった。前回と同じカラカス、マドリードのルートだが、俺は初回より緊張したね。前回はよく分からないうちに終わってしまった感じだけど、一回やっているだけに危険ポイントが分かりそのつど手に汗を握った。フランスの目的地に着いたときには、どっと汗を掻いて倒れ込みたいぐらいだったよ。彼女は初回なのにそういう性格なのか、けろっとしていたね。

それから半年も経たないうちに金を使い果たすと、見計らったように元カノから連絡がきた。ルートはやはりカラカス、マドリードだ。二回目の同行者だった女友達もすぐに了承した。

だけど、三回目は始めから何もかもうまく行かなかったんだ。まず、彼女が何と成田空港に遅れてきてしまい、カラカス行きの飛行機には俺が一人で乗ることになった。元カノの彼氏からはさんざん怒られたよ。で、彼女はほかの便でカラカスに着いて俺たちは高級ホテルに待機していたのだけれど、過去二回と比べて長く一ヶ月ぐらい幽閉状態だったよ。

ようやく連絡が入って住宅街の一軒屋でピッキング作業。準備を終えてその日は家で関係者とささやかなホームパーティーをおこなった。そのとき、彼女がうっかりその様子を携帯の写真に撮ってしまった。みんなびっくりしてすぐに消したけど、だいぶ怒らせてしまったんだ。過去二回と何かと違う展開が多く、俺は嫌な予感を抱いていた。

出国の日——。無事にDJ用の機材を航空会社のカウンターに預け、税関を通り抜け、搭乗ゲートに着いた。少しほっとして待合室の椅子に座ると、ふいに俺たちの名前がアナウンスされて心臓が早鐘を打った。ゆっくりうしろを振り向いて見張り役の男と目を合わせたが、指示らしきものはなく、俺たちは席を立って搭乗カウンターに向かった。足取りは重く、俺は嫌な予感しかなかった。

カウンターに着くと、「こちらへ来て下さい」と促され、俺たちは職員に先導されて地上に降りて、飛行機の近くの預け入れ荷物の集積場に行った。そこには麻薬犬を連れた屈強な警官たちが多数いて、俺たちはすでに囲まれたような状態になっていた。

日中の陽射しが痛いくらいに眩しいなか、俺はそのときになって観念したよ。

DJ用の機材を抱えた警官が俺の前に立った。

手渡すのかと思ったその瞬間、彼は機材を叩き付けて中身を開け始めた。中から袋詰めのコカインが出てきて麻薬犬が吠えまくっている。警官たちがさらに俺たちに詰め寄り、そのうちの一人が俺の前で首を切る仕草をしてみせた。

ああ、俺は死刑になるのか、と思った。なぜか冷静にそう思ったんだよ。二〇一〇年十一月のことだった。

それから俺たちは空港の外にある建物の外階段の手すりに手錠で繋がれて四日間を過ごした。寝るときもその状態で雨ざらしだったけど、この先の不安のほうが大きかった。食事は出してくれたよ。アレパとか残りものだったかな。俺はそのときは少し冷静になって彼女と今後の取り調べのための口裏合わせを徹底した。俺が巻き込んだわけだから、何とかして彼女の刑は軽くしてもらいたかったんだ。

ようやくお呼びがかかって車に乗せられると、カラカスから北へ四十分ほど、カリブ海に面したマクト（Macuto）の留置場に入れられた。ここが、とんでもないところで俺はベネズエラの洗礼を浴びることになる。

鉄格子のある六畳ほどのコンクリートに囲まれた室内は、ハンモックが二つとパイプベッドが二個、それに剥き出しの汚い便器の四人部屋。中にいたのは全員二十代前半ぐらいなんだけど、みんな明らかにラリってるんだよね。あとで分かったことだけど、俺は外国人だから本来は人権問題上、外国人用の房に入る権利があるのに、どういうわけか地元用の房に入れられちゃったんだよ。

部屋はかび臭さと小便臭さと男たちの体臭が入り交じって、気持ち悪いったらない。これは弱ったな、と思っていると、リーダー格とおぼしき男がいきなり、呂律の回らない口調で「金はあるか?」と聞いてきた。ちなみに俺はそのときスペイン語はほとんど話せなかったけど、ベネズエラ行きは三度目だったので、日常生活に必要な最低限の単語や数字や曜日ぐらいは覚えていた。だからそれくらいは分かったので「ノー」と答えると、いきなり殴ってくるんだよ。それも本気でボコボコにしてくる。

ようやく男の気がすんで、俺はこわごわと床に敷いてあるヨレヨレのマットレスに体を横たえた。ところが、夜になるとネズミやゴキブリが体を這ってくるんだ。思わず叫んで立ち上がると、男たちに睨まれる。そして日中になるとまた思い出したように「金はあるか?」と聞かれて今度は黙るとまたもや殴られる。そして夜はネズミとゴキブリの餌食に――いま思い出しても震えるような日々だったよ。あれはもう二度と経験したくないね。

もっとも、一週間ほど経つと仲間に入れてもらえて、二週間後には出ることができた。

最後の日には「刑務所でまた会おうぜ」みたいになったけど、ようやく俺はロステケス（Los Teques）という、カラカスから車で南西へ三十分ほどの街にある刑務所に収監されることになった。

ただし、このとき刑はまだ確定していないから、俺は護送車の中で久々の外の景色を味わいながら「青空がなんて綺麗なんだろう」とぼんやり思っていた。まだ死刑になると思っていたんだよ。ちなみに相棒の女性は俺のように留置場で殴られたり虐待などを受けることなく女性専用の刑務所で八ヶ月の刑期を終えている。

ムショでの生活がスタートすると同時に、弁護士と共に裁判所へも出頭するようになった。日本大使館の人も来てくれたりした。

ムショの大部屋は部屋というよりベニヤ板のような仕切りがある工場のようなイメージだろうか。一部屋に三十人〜四十人がいて、パイプベッドかマットレスで寝る。

俺が入った《マキシモ》という部屋にはやっぱり薬中がいたけど、そこは外国人専用だから、留置場のときのように殴られることはなかった。ただ、ほかの部屋、例えば凶悪犯が収容されている《バビロン》という部屋では刑務所内なのに銃声は聞こえるし殺人もあった。もっとも後述する俺が入った別の部屋では、朝、起きたら近くの奴の腹にナイフが刺さって死んでいたなんてこともあったな。

外国人の大半はコカインの運び屋で捕まった連中。オランダ人、スイス人、イタリア人などヨーロッパ系が多かった。アジア系は俺以外に中国人が一人いたな。

ムショに入って数ヶ月して、ようやく刑が確定した。

懲役八年。ずっと死刑だと思っていただけに、信じられなかった。でも、これで終わったわけじゃなく、むしろ始まりだったからね。

ムショで困ったのは、金を稼がなくてはならないことだ。食事は八時と十六時にアレパが一個出るが、それだけじゃあ生きていけない。ムショの中には普通の売店があり煙草まで買えたが、酒は闇屋で買う。売春婦も呼ぶことができる。家族から送金してもらっている奴はいいが、そうじゃない奴は、草刈りや調理補助や掃除など何でもいいから仕事を見つけて金を稼ぐ。

俺はどうしたかって？　家族からも、運び屋のいわば上司だったフランス人からも送金なんてない——そう、俺はこの仕事を始めるにあたってフランス人から言われていた「捕まったら金で釈放してやる」という言葉を一縷の望みにしていたのだけれど、そんな連絡はついになかったね。

スペイン語もろくに出来ない俺は、考えた末に、とりあえず、タトゥの日本語のデザインを書くことを標榜した。何人かは面白がってくれたが、毎日のように依頼があるわけじゃない。

美人の女所長から声をかけられたのは、そんな頃だ。

「ねえ君、寿司はつくれるの？」

それまで本格的な調理の経験はなかったけど、これはチャンスだと思い作ってみたんだ。ベネズエラの米はパサパサだから、巻物も握りも体をなさなかったけど、所長は気に入ってくれた。以降、俺は所長専属の料理人兼付き人になって金を稼げるようになった。

毎朝五時にコーヒーを持っていき、朝食や昼食はアレパやスクランブルエッグやハムなど。夜はスペインや中南米でよく食されるレンテハという豆料理などを作った。職員専用の調理場を陣取ることができたから、そこの調理人たちに教えてもらったり見よう見まねでいろんな料理を作った。所長は三十代ぐらいだろうか、すごい美人なんだけど、受刑者の男と付き合っていてびっくりしたよ。

その頃には俺は《マキシモ》を出て、調理場のある《ランチョンペケニョ》という棟の部屋をあてがってもらっていた。《マキシモ》から調理場は少し遠かったからね。ベネズエラ人たちの部屋だったけど、俺はすでに顔を知られていたし、スペイン語も少しは話せるようになっていた。もっとも、部屋のボスは厳しかったけど、彼の誕生日にはストリップが来たり、いろんなものが手に入った。

携帯電話もその一つでムショ内で貸してる奴がいた。そう、電話を持っている奴は人に貸して金を稼ぐんだ。俺はそれでようやく、運び屋の上司のフランス人に電話をかけた。当初は彼に対する怒りもあったけど、その頃には鎮静していた。そもそも俺は自分の意思でこの仕事に手を染めたわけだからね。電話に出た彼は「安全な場所にいて気をつけろ」なんて言ってたけど、朝起きたら近くで寝てる奴の腹にナイフが刺さっていたこともある場所に、安全な場所なんてねえよ、という話だよね。

この電話で日本に住む彼女とも話すことができた。彼女は運び屋のことも知っている。ムショでの唯一の楽しみだったね。ここにずっといるとさ、鬱病になったり発狂する奴がいるんだよ。

家族がいる奴は毎週土曜日が面会日だから、そこで発散していたね。売春婦を呼べるくらいだから、パートナーともセックスできるし。俺はそんなときは、所長用の食材をちょろまかして、軽食を作って家族に売った。しだいに受刑者の家族とのネットワークも出来てゆく。

そんなふうにしてムショでの生活が一年を過ぎた頃になって、仮釈放に向けた面接が定期的におこなわれるようになった。仮釈放になるための条件としては、日々の生活態度と出所後の仕事と住まいを確定しなくてはならないのだけど、俺は面会に来ていた受刑者の家族と首尾よく渡りをつけることができたんだ。

ところが――。所長が何だかんだ理由をつけて俺の面接を延ばしたりして、話が進まない。すっかり気に入られてしまったらしく、手放したくないんだよね。だから俺は仕方なくムショの異動願いを出して、これが通った。

そこはロステケスからそんなに遠くはなく、ムショというより、更正施設といった趣だった。雰囲気もまったく違い、和気あいあいの感じだった。五十代の男性の所長にも気に入られて、俺はスポーツをやることを提案して、サッカーやバスケをやったりした。定期的におこなわれる心理テストも順調にこなして点数も良かった。そうしてここで二ヶ月弱を過ごしてトータル二年と二日で俺は出所することができた。仮釈放だ。当初は死刑だと思い込んでいただけに信じられなかったよ。嬉しさ半分、これからの不安半分といったところかな。

さて、出所後は面会に来ていた受刑者の関係者の家からカラカスの飲食店に通った。二年くらいそういう生活をして関係者にはお世話になったのだけれど、残りの刑期の四年をここで過ごすのがキツくなってきた。暗黙の了解というわけじゃないけど、仮釈放中の多くが生活が落ち着いて少し金が貯まったら国外逃亡しているし。

あるとき、関係者には断りを入れたうえでベネズエラを出ようとした。陸路で隣国のコロンビアまで高速バスで行こうとした。ここは南米だし、何なら少し賄賂でも渡せば検問や国境も何とかなるだろうと思っていた。

しかし周囲に止められて俺はムショ仲間だったメキシコ人に相談した。すると、カラカスの軍人を紹介されたんだ。日本円で約十万円でコロンビアまで連れて行ってくれることになった。彼は当日、私服でしかも自家用車で待ち合わせ場所にやってきた。そして俺をコロンビアまで連れて行ってくれたというわけだ。こうして俺は晴れて自由の身となった。

運び屋の仕事をまたやりたいかって？　いや、もうやりたくないね。ただし、やりたい奴がいたら俺がきっちりコーディネートしてやる自信はあるよ。こうして失敗してみると、いろんなことが分かるからね。ただ俺はもうムショの生活は懲りごり。それに運び屋の刑期は、俺がいた頃のチャベス政権からマドゥーロ政権に変わったのを機に八年から十五年になったと噂で聞いたからね。

俺と入れ替わるように入所してきた日本人には、この刑期が適用されたはずだ。彼は俺と違ってハメられた口だ。内容ははっきり覚えていないけど、日本で就職した飲食店の会社で、上司と共に海外視察のためにベネズエラに入国した。ところが、数日後に上司に「俺はまだ現地調査するから、君は俺の荷物を持って先に帰国してくれないか」というようなことを言われた。で、上司のバッグを持って税関を通ったらコカインが詰まっていた、というわけだ。ヒドい話だと思わないか。人間不信になるよな。

そうかと思えばムショの中には七十歳の運び屋もいた。この仕事を四十年やってきて、ついに捕まっちまったらしい。いろんな奴がいたし、今、こうして話していると当時のことがどんどん蘇ってくるよ。ここで話したのはほんの一部だ。ムショの仲間の何人かは当時の体験を母国で出版している。俺もいつか本にしたいね。

ベネズエラ人の印象？　そうだな、ポジティブな奴が多いね。貧しくても楽しく生活する術を持っている。カラカスの道を歩いているとき、石につまずいて転びそうになった初老の男が、「ラッキー」と呟いたのが印象に残っている。不思議なことに、金のある日本人より幸せそうに見えたね。

もっとも、もうベネズエラには戻りたくないけど、俺は、ドラッグ自体は悪いことだとは思っていない。問題なのは、使い方と、まわりにナビゲートしてくれる人がいるかどうかだよ。

さて、もうこんな時間だ。今日はこれくらいでいいかな。

第五章

コロンビアへの脱出

一、

暗闇の中に、エンジンを切った車が数珠つなぎに連なっている。距離にして一キロはあるだろう。カラカスのど真ん中、サバナグランデ地区の一画。ガソリンの給油待ちの列だった。

最後尾につくと、ディナは車を降りて「ガソリンスタンドの店員は知り会いだから交渉してくる。このままだと二時間は並ぶことになる」と言って歩いて行った。私たちは車の中で待機した。私たち――とは、ディナの義弟で運転を務める三十三歳のアンドレス、ディナの友人で先住民のワユ民族の血を引く四十五歳マリオである。私たちはこれからコロンビアとの国境に位置するベネズエラ第二の都市マラカイボに車で向かおうとしている。

目的は二つあった。ひとつはマリオの実家がベネズエラ・コロンビアの両国にまたがるワユ民族という先住民族――コロンビアでは映画『アバター』のモデルではないかという説もあり――この状況下でどんな暮らしをしているのか知りたかったのだ。

もう一つは「侍や」の高橋社長である。例によってある日、ワッツアップをかけてくるなり一方的に捲し立てた。

「マラカイボには行かないの？　最近、よくニュースになってるよね。ベネズエラ軍が国境に人員を増員して戦車を待機させてるって。つまりコロンビアと戦争する構えなんだよ。うちにたまに来る日本人のお客さんがね、先日、ちょうどマラカイボに行ってきたんだって。その動画をワッツアップで送ってきたんだけど、国境で銃撃戦がおこなわれているんだよ。北澤君はせっかくベネズエラにいるんだから、そういう場所も見に行ってみたらどうかと」

銃撃戦のあった場所を平気で勧める人も珍しい。動画を転送してもらうと、確かにリアルな銃撃戦の様子が写っている。ベネズエラ軍とコロンビアの武装集団との撃ち合いだという。

近年の国家破綻寸前と言われる状況でコロンビアに流入してきたベネズエラ人は約一三〇万人にものぼることはすでに述べた。

入国者の通過がもっとも多い街が私も今年のベネズエラ入りの初回に通ったコロンビア

側のラ・パラダとベネズエラ側のサンアントニオであり、この両国の国境は通称ククタ国境と呼ばれている。次席がこれから向かうベネズエラ側のマラカイボとコロンビア側のマイカオで、両国の国境は通称マラカイボ国境という。この二ヶ所がベネズエラ・コロンビア国境の二大要所である。

「でも、国境は今年一回行ってますから、もう十分ですよ」

「ククタ国境でしょ。マラカイボ国境の雰囲気はまた違うと思うよ。あのへんはレバノン系の商人が多く、ベネズエラへの麻薬の密輸もある。ワユ民族もいるし、砂漠もある。それに、マラカイボは石油の街でベネズエラの要所だ。そこへ行かなきゃどこへ行く？」

そうやって焚き付ける手口にはもう乗るまい、と思って電話を切ったのだが、後日、ディナにマリオを紹介され親しくなった。偶然にも実家がマラカイボのワユ民族の集落で十二月中に母親に会いに行こうと思っているところだという。それならば案内役もいることだし、みんなでマラカイボに行ってみようという話になったのである。私はそのまま国境を抜けてコロンビアに戻ることにした。

ディナが戻ってきた。目が笑っている。

「交渉成立。さあ早く車を出して」

ベネズエラ国内でもっとも賑やかな大衆地区のサバナグランで露天商をしているディナは顔がきく。警官とも仲が良く、スナック菓子やパンや飲み物を頻繁に差し入れしている。もっとも、露天商はそういう営業でもしなければ生きていけないのだろう。

私もその恩恵に預かり、ある日、パスポートのコピーも持たずうっかり近所に外出した。折り悪く警官の職質に遭い慌てたが片方の警官が私の顔を覚えていた。「あれっ、ディナのところにいる日本人じゃないか。行っていいよ」となったのである。

私たちはガソリンスタンドに横入りした。後方からクラクションを激しく鳴らされたが、ディナは「この国で列に並ぶ人は頭が悪い」と容赦ない。女ひとりでカラカスで生きている自信のようなものが内側にあるのだろう。

給油の量は一台の満タン分だけが原則だが、私たちはチップを弾んでポリタンクにも入れてもらった。何しろこれから約五二〇キロの旅路である。カラカスではガソリン代は基本無料、チップでまかなわれている。

石油王国ベネズエラの産油量は《ピーク時の一九七〇年には一日あたり約三七〇万バレ

ルだったのが、二〇一九年は第二次世界大戦終了後の生産量に近い一〇〇万バレルに落ち込んでいる。原因はメンテナンスと投資不足》（ベネズエラニュースサイト「ACN」二〇二〇年一月十六日）だという。

私たちはチップの一〇〇〇円を払い、翌朝一番でマラカイボに向かった——。

マリオはカラカスのやや東側、庶民層から低所得者層までがひしめくペタレ地区に二十歳近く年の離れた奥さんと生まれたばかりの女の子と共に住んでいる。と思いきや、義父や義兄夫婦はもとより、前妻との子供など誰が何人住んでいるのかよく分からないほど大勢が出入りしている。バスの運転手の傍ら、叔父の精肉店を手伝って生計を立てている。

とはいえバスのオーナーがマリオの乗るバスが故障しているのになかなか修理せずちょうど仕事がなかった。そこへ、私の〝観光ガイド〟という仕事が降って沸いてきたのである。なお、ベネズエラやコロンビアのローカルバスのオーナーは個人であることが多く、日本人が不動産や株に投資するようにバスに投資することがある。マリオは二週間前に運転中に乗客に銃で脅され、携帯電話と売り上げを盗られている。犯人は近所の顔見知りの少年だったという。

私たちを乗せた車はマラカイボに向かって高速道路を軽快に走っている。このとき、ベネズエラでもっぱら話題になっているニュースは地下鉄の脱線事故だった。私が居候しているディナの家から三〇〇メートルほどにある《プラサ・ベネズエラ駅を出発したばかりの電車が脱線し、六人が負傷》（ベネズエラニュースサイト「NTN24」二〇一九年十二月十一日）し、その模様がツイッターで拡散されていた。

五日ほど前には国際線の旅客機のトラブルもあった。

《カラカスからペルーの首都リマに向かったベネズエラの航空会社アビオール航空の飛行機はコックピットの減圧に苦しみ、ペルー地方のタラポトという村に緊急着陸した。乗客に怪我はないが赤ちゃんが念のため病院に搬送されている。フリージャーナリストのロマン・カマチョによって報告された》（ベネズエラブロック紙「パノラマ」二〇一九年十二月六日）。

ベネズエラのニュースを定点観測するようになって思うのは、インフラの設備不良に関するものが多いということだ。発表されているだけまだマシだが、いずれの二つもツイッターで拡散されてしまったゆえにニュースも後追いせざるを得なかったといったところだろう。

カラカスの高速道路

そんなベネズエラのインフラで今でも自慢できるものがある。

高速道路である。

カラカスとラグアイラという港町を結ぶ十七キロが一九五〇年に着工して五三年に開通している。以降、全国に整備された。日本の開通第一号は一九六三年、名神高速の栗東―尼崎区間だから、ベネズエラのそれは日本より十年早い。

私がコロンビアからベネズエラに初めて入国したときに抱いた印象は高速道路を含む道路網の充実とその質だった。

ボゴタの「侍や」で働いていたときに配達をする機会があった。昨今のようなウーバーイーツはまだない。在コロンビア日本国大使館は常連で私はカツ丼一個を携えてバスに乗る。しかしボゴタの道路は穴ぼこが多くアトラクションのような揺れに耐えなくてはならない。大使館に着いた頃にはカツ丼の汁がビニール袋の中で飛び散っている状態だった。

その点、ベネズエラの主要道路に穴ぼこは少ない印象を受けた。高速道路の建設を熱心に推し進めたのは当時の大統領カルロス・デルガードだと言われている。パリの工業高等専門学校で土木建築を学んだ彼は、資料の裏付けはなくベネズエラ人に聞いた話だが「世界は将来、車社会になる」と必要性を訴えたが「バカなことを言っている」と嘲笑されていたそうだ。だが結果的に彼の読みは大きく当たり、その後のペレス・ヒメネス大統領が高速道路を含め、空港、湾岸整備のほかインフラへの設備投資を一気に進めた。

今日のベネズエラの社会基盤はこの頃に固まっている。逆にいえば、その頃の遺産で今も食っているといっても過言ではない。そして、その背景には潤沢なオイルマネーがあった。

ベネズエラの郷土料理カチャパ

そんな高速道路を走る私たちは途中、道の駅のような場所で食事をとった。カチャパと呼ばれるベネズエラの伝統料理のひとつで、トウモロコシの粉を焼いて生地にしたホットケーキ状の上に、チーズを中心にお好みで肉や野菜炒めを乗せて食べるのである。

レストランの脇にはガソリンスタンドがあり給油待ちの車が遙か彼方まで続いていた。二日待ち、三日待ちの人もいるという。

カラカスを出発しておよそ十二時間、空が暗闇に覆われた先に黒々とした橋が見えてきた。開け放たれた窓から車の排気ガスに交じって冷たい海の匂いがした。遠くを走る車のテールランプが光の帯を作っているのが見えている。全長八・六キロのベネズエラ名物の「ラファエル・ウルダネタ将軍橋」を渡るとそこはもう人口約二〇〇万人のマラカイボである。

私たちはマリオの兄の家で旅装を解くと、翌朝、マリオの母が住むロジート（Rojito）というワユ民族の住む小さな村に向かった。

ワユ（Wayu）民族は、ベネズエラ・コロンビア国境にまたがるグアヒラ半島というカリブ海に突き出た半島とその付近で伝統的な暮らしを守り続けている。ベネズエラ側に約四十万人、コロンビア側に約三十万人が住んでいる。女性の編み物が有名で、彼女たちが作ったカラフルなバックや財布は両国の民芸品として有名だ。

とはいえ、このロジート村はワユ民族の村というわけではなかった。マリオの母はグアヒラ半島で生まれ育った生粋のワユ民族だが結婚を機に街に出てきており、ここにはワユ民族出身者もいるが、言い方は悪いが低所得者層の寄せ集めの人口三〇〇人ほどの村だった。

乾いた白っぽい砂の上にコンクリートを固めただけの低い家が並ぶ殺風景な風景が続い

マラカイボのロジート村

ている。風はなく、小さな蚊が足もとにまとわりついている。日陰に入っていないと汗が噴き出してくる。

私は八十歳になる老母に尋ねた。

「国家破綻寸前と言われていますが、どう思いますか？」

彼女は笑い出した。

「ほら、このあたりを見れば分かるでしょ？　もともと貧しいから、あまり変わらないのよ。娘（マリオの妹）がコロンビアに出稼ぎに行ってるけど、今回のことがなくても昔からこの地域は場所柄コロンビアに近いからカラカスではなくコロンビアに行く人がいた。ただ、そうは言っても最近

マリオの母（左）とマリオの姪っ子（右）

は特に増えたかしらね。あとは電気や水道も、昨年から特に使えなくなる機会が増えた。それと物価が上がったことかしら」

ボルサ・クラップは滞りなくというわけではないにしろ届いているという。同居している二十四歳の孫の女性には子供が二人いるが、父親はどこかに行ってしまったという。彼女にも近年の変化を聞いた。

「コロンビアから物を売りに来る商人が増えた。あと、この村にも《コロンビアで働かないか？》という斡旋業者みたいのが来たよ。若い女の子たちを捜していたみたい」

「君はコロンビアで働こうと思ったことは

ないですか?」

「あるけど、私にはおばあちゃんと子供たちがいるからね。それに、コロンビアに行くとベネズエラ人はバカにされるから」

コロンビアで犯罪があると「ベネズエラ人の仕業ではないか」という言説が近年はまかりとおっている。かつて石油王国としての栄華を誇ったベネズエラにはたくさんのコロンビア人が出稼ぎにきていた。その頃はベネズエラで犯罪があると「コロンビア人の仕業ではないか」と言われていたのが、ここ数年で立場は一気に逆転してしまったのである。

私たちはその後、マラカイボのショッピングモールや観光地を回り、飲み屋街のサンタルシア地区で催されたフィエスタ(お祭り)にも参加して数日後に私は陸路でベネズエラを出国することにした。国境までディナもマリオも付いて来てくれることになった。車を運転してきたディナの義弟は用事で一足先にカラカスに戻ったため、コロンビアへ行くその日、私たちは前日に手配していたタクシーで国境に向かった。

今年二度目の国境。前回コロンビア入国の際に十二時間ほど並んでいるため、私は今回も覚悟していた。だが私はコロンビア入国のことばかり頭にあり、ベネズエラ出国のこと

マラカイボの繁華街

をそれほど意識していなかった。

朝の五時にマリオの兄の家を出た。国境までおよそ三時間だという。途中で人を拾う乗り合いタクシーだが、予約していたもう一人が待ち合わせ場所に現れなかった。全席乗せないと出発できない仕組みなのである。二時間待ってベネズエラ人の男性がようやく現れたが悪びれた様子はまったくなかった。

朝は霧が立ちこめ、車内で薄手のパーカーを羽織っていたのだが、三時間も過ぎると陽が昇り始めて窓を開けた。五日間の滞在でいろんなタクシーに乗ったが、エアコンはたいてい故障したままだ。

国道の大きな一本道に出た。道路の両脇の乾いた大地の上には低木の緑の群れが流れていったかと思えば、煉瓦作りにトタン屋根を乗せた民家が遠ざかっていった。

しだいに渋滞のようになり車は徐行し始めた。検問だ。カーキ色の制服を着た警官が出張っている。リモン・リオ（Rimon・Rio）の駐屯地である。そんな光景を後部席の左側から眺めていると、浅黒くて凛々しい顔立ちの若い女性警官と目が合った。彼女はじっと私を見つめると、思い出したかのように足早に寄ってきた。人差し指を折って声をかけてきた。

「あなた、パスポートを持って車を降りて」

パスポートを渡して車を降りた。ディナとマリオも続いた。

「出身は？　ベネズエラではどこで何をしていたの？」

一通り説明すると、警官は無線で交信を始めた。そして、声を強めた。

「あなた、あっちの建物で取り調べよ」

ディナとマリオがいるから大丈夫だろう、と思っていたら、警官は二人を制した。

「二人は車で待機よ。あなたは自分の荷物をすべて持ってあっちの建物へ」

面倒なことにならなければ良いが、と思いながら私はバックパックを持って緑と赤でどぎつく塗られた簡素なコンクリート造りの建物の中に入った。窓のない部屋の奥にはカーキ色の警官二人が座っていた。先ほどの女性警官が真ん中に座ると、まずは私の自己紹介と滞在目的と荷物チェック、それにワッツアップのトーク履歴の開示が始まった。

女性警官は立ち位置といい、雰囲気といい、まるで上官のようだった。彼女は私の申告を一通り整理するとハキハキとした声で単刀直入に問うた。

「あなたは今年だけでベネズエラに三度入国している。なぜ三度も？」

私は初回入国時のスポーツ記者で押し通そうと決めた。

「一度目は同行のコロンビア人記者たちが強盗に遭い、一緒にコロンビアに戻ったためスポーツを見れなかった。二度目はカラカスで野球とサッカーを観戦して目的を果たせた。三度目はカラカスの日本食レストランで働く予定があったが、行ってみたら働けず、観光だけして帰ることになった」

女性警官は小刻みに頷くと、話の角度を変えた。

「パスポートを見るとあなたは今回、飛行機で入国している。往復チケットですか？」

「そうです。持っています」

女性警官は心なしか唇の隅を釣り上げた。

「実はベネズエラの法律では、飛行機で入国した者は飛行機で出国しなくてはならないのです」

そんなバカな、と思わず日本語が出た。

「あなたは外国人だからベネズエラの法律を知らないのです。それにあなたはもしかしたら麻薬カルテルの一員でインターポールに追われているかもしれない。私たちはインターポールと連係をとっていないので、あなたはやはり空港に行く必要がある」

噴き出しそうになったが真面目な顔で言うので私は必死にこらえた。彼女たちの魂胆が見えてきた。賄賂の要求だろう。彼女は続けた。

「このまま陸路でコロンビアには行けません。なので、カラカスに帰って飛行機の出発日を待つか、それとも……」

そこで言葉を切ると、なぜか左の男性警官を促した。彼は咳払いして口を開いた。

「相談だが、二〇〇ドルで手を打とうじゃないか」

私は席を立った。

「車に戻って相談したい」

もう一人の男性警官が立ち上がって扉を開けた。

「どうぞ」

払うまで監禁されるのではないかと思っただけに、少し意外だった。パスポートも荷物も返してもらっている。ディナとマリオがいなければ扱いは変わっていただろう。建物を出ると鋭い陽光が目に飛び込んできて思わず手を翳した。ディナが待ちきれなくなって外に出てきていた。勘のいい彼女は変事を悟ったらしく私を見るなり顔色を変えた。

「二〇〇ドルを払わないと通してくれないらしい」

「そんなことだろうと思った。私はカラカスの警察幹部を知っている。名前を出す。車の中で待ってなさい」

頼もしい。私はディナに任せて車に戻って事情を話した。五十代前半ぐらいで地元の事情に詳しいタクシー運転手は「言われた通りにしたほうがいい。抵抗して留置場に入れられた中国人の旅行者がいる。所持金もなく本土の両親に頼んで送金してもらったらしい。それも一〇〇〇ドル」と訳知り顔だ。

もう一人のベネズエラ人の男は二時間以上も遅れてきたくせに「早くしろよ。コロンビアで約束があるんだよ」と呟いて苛立っている。

ディナが戻ってきた。首を横に振った。カラカスのサバナグランドで顔をきくディナもさすがにマラカイボではどうにもならないらしい。

運転手が再び提案した。

「カラカスに戻って空港から出国するにしても、そこまでまた一悶着あるかもしれない。そういう国だ。だったらいま払ったほうがいい。コロンビアは目の前だ。ただし」

さっきまで大人しかった運転手が急に熱を帯びてきた。

「コロンビアへ入国するまでに検問はあと五回ある。五回とも同じような手口で賄賂を要求される可能性がある。ここの検問を通ったら、バイクタクシーを雇って日本人を後部席に乗せ、国道を迂回してコロンビアに入国させるんだ。いったんは密入国というかたちになるが、何も荷物を持たずヘルメットを被った人間は疑われない。地元の人間だと思われるだろう。そして我々は日本人の荷物を積んだまま国境まで行く。そして日本人は国境で荷物を受け取ってベネズエラの出入国管理局で出国スタンプを、コロンビアの出入国管理局で入国スタンプを押すという段取りだ」

果たしてそんなにうまく行くだろうか、と思ったのも束の間、ディナはそのプランに賛成した。

「ここはマラカイボだ。地元の人の言うとおりにしたほうがいい。そうしよう」

三週間近くに渡って私を庇護してくれたディナである。私は彼女の言うことに従うことにして、二〇〇ドルを払った。

ゲートが開いて検問を抜け一キロほど行ったところで、運転手は車を停めてバイクタクシーを手配した。六十五ドルだという。二十分ほどで屈強な黒人が二五〇ccのバイクに乗ってやってきた。男は私にヘルメットを渡した。ディナが「近くにいるから大丈夫よ。心配いらない」と笑顔を見せて、私たちは別れた。

バイクは唸りを上げて前方の車を次々と追い越して行った。逆風にヘルメットが飛ばされそうになり首紐を強めた。やがて二つ目の検問が見えてくると、男は左に大きくハンドルを切って乾いた砂地の道なき道を進んでいった。少し不安になったが小さな集落と舗装された小道が現れるとハンドルを右に切って国境方面に向かい、小道がなくなるとハンドルを右に切って踊るように国道に出た。振り向くと、うしろにさっきの検問が見えた。同じような手口で三つの検問を越えると、目の前に車と人が今まで以上にひしめいていた。最後の検問である。男は「しっかり捕まってろ」と声を張り上げてハンドルを右に切った。白っぽい大地の上に雑木林が続いていた。その向こうはカリブ海である。

雑木林の獣道に入ると、さっきまで乾いていた地面は水分を含んだ黄土色に変わり、轍の跡がくっきり残っていた。その跡に沿ってバイクは灌木の間をすり抜けていく。体と葉が大仰に擦れて腕に切り傷と擦り傷ができていく。とそのとき急に視界が開けて雑木林がいったん途切れると、目の前にもうひと塊の雑木林の入口にワユ民族と目付きの鋭い浅黒い男たちがいた。

強烈な陽射しの下、竹のようなもので作った手製のゲートを開閉する者、見張り役、何かを受け取る者など役割分担があり組織立っていた。

運転手がエンジンを緩めた。私は尋ねた。

「ここは?」

「裏の入管だ。顔見知りじゃないと通れない」

運転手は常連らしくワユ民族がゲートを開けた。しばらく進むと人の列がありクラクションを鳴らすと人々はうしろに倒れるように繁みに横たわった。小さな子供や女性もいる。おそらくコロンビアに密入国するベネズエラ人の家族だろう。

それから十分ほど進むと雑木林を抜けた。民家がぽつぽつと見えてくると舗装された小道が現れバイクは何事もなかったかのように町の風景に溶け込んだ。

「着いたぞ。ここはもうコロンビアだ」

人混みを掻き分け、コロンビアの出入国管理局の前にバイクを停めた。メリダで見た十二時間待ちと違い、十人ほどしか並んでおらず私は拍子抜けした。こんなに違うのか。あたりには荷台に荷物を乗せて両国を往来する商人や物売りが汗を払いながら熱気を振りまいている。ベネズエラで給油したガソリンのドラム缶をバイクのうしろに積んでたむろしている男たちもいる。おそらくマラカイボのガソリンスタンドで三日ほど並んで給油した無料のガソリン。コロンビア側で売りさばくのだろう。密輸だから「裏の入管」を通ってきたに違いない。

コロンビアに着いたという実感はまだなく三十分ほど待っていると、ディナとマリオを

国境。ベネズエラからガソリンを密輸してきたバイク

見つけてほっとした。だがディナは浮かない顔をしている。

「私は胃が痛かったよ。やっぱりあなたを一人でバイクに乗せるべきじゃなかったんじゃないか……。バイクに乗っている最中にベネズエラの軍や警察に捕まったらどうなるだろう……。そう考えると、気が気じゃなかったわ」

ディナはその場にしゃがみ込んでしまった。前述したように彼女はベネズエラの戸籍上、何年ものあいだ死んでいたことになっていたのだ。この国では何が起きても不思議ではないのだろう。

「さあ、ベネズエラの出入国管理局で出国

スタンプを押してきなさい。私はもう疲れたわ……」

マリオはディナを支えてコロンビアの出入国管理局の前の外壁の窪みに座らせた。荷物も見張ってもらい、私はベネズエラ側に歩いてベネズエラの出入国管理局の前に並んだ。こちらも二十人ほどしか並んでいない。入国のスタンプを押す場所は建物の中ではなく、まるでパチンコの景品所のように外側に面していた。

私の前にいたのは、マラカイボ出身の二十代後半の男性二人組だ。一人は赤いパンツに清潔そうな白のTシャツにツバのある黒い帽子を被っている。彼は聞いてもいないのに「俺たちはパスポートを持っている」と自慢してきた。コロンビアから空路でグアテマラへ行き、隣国のメキシコに陸路で入国後、アメリカとの国境まで移民を乗せて行く貨物列車、通称「ラ・ベスティア」（野獣列車）に乗ってアメリカを目指すと自信満々だ。

ベネズエラ人のパスポート取得費用は《約二八七万ボリバル（約三千円）だったのが二〇二〇年一月七日から約三三四万ボリバル（約五二〇〇円）に値上がった》（ベネズエラニュースサイト「エル・ナシオナル」（二〇二〇年一月八日）という。この時期の月額最低賃金が約四〇〇円であることを考えると、パスポートを作れる人は限られている。なにより手続きから発行まで時間もかかるという。

私の番になった。係員はさっきの検問所のように凛々しくて若い女性だ。嫌な予感がする。

しかし私の心配は杞憂に終わった。係員は私の顔を見やっただけでスタンプを勢いよく押した。一言も声を発することなく不気味なくらいだった。その足でコロンビアの出入国管理局で入国スタンプを押すと、私は嬉々としてディナたちのところへ駆けていった。いつのまにかタクシーの運転手も来ていた。傍らにはアロハシャツを着た小柄な男がいた。運転手は私を認めると、笑顔で握手を求めてきた。彼の提案が功を奏したのだ。

「ここから先へ行く乗り合いのバンを手配しておいた。二人はマラカイボまで無事に送り届けるから、君はもう行くんだ。もうじきバンが出発する」

私は言われた通りの金額をアロハシャツの周旋屋に払い、ディナとマリオとハグをして別れを告げた。ディナのおかげで三週間近くを無事に過ごし、ベネズエラをさらに深く知ることができたと思う。別れ際、彼女の発する日本語が聞こえた。

「サヨウナラ――。マタ、アイマショウ」

乗り合いのバンには、はちきれんばかりの人が乗っていた。私は詰め込まれるようにして押し込まれると、ディナとマリオを見送った。慌ただしい展開にほっと一息つくと、隣に座る浅黒い中年の男が聞いてきた。

「ベネズエラに行ってたのかい？」

「そうです。あなたは？」

「仕事で三日間ほどマラカイボに」

商人だろうか。スラックスに紺色のシャツだが、銀盤の腕時計と磨き上げられた靴がやけに目立つ。

「検問は大丈夫だったか？　外国人は賄賂を要求されるだろう。コロンビア人の私でさえ難癖をつけられることがある。ベネズエラの警官はすぐにタカってくるからね」

男はそう言って渋い顔をした。私は答えた。

「検問で二〇〇ドルを払うハメになったけど、タクシー運転手が機転を効かせてバイクタクシーを手配してくれたりして無事に出国できました」

男は表情を変えて顔を近づけた。

「そいつの本業はタクシー運転手じゃないな」

いま乗っているバンが大きく傾いたような気がした。心臓の鼓動が大きく聞こえた。

「あんた、二〇〇ドルで済んで良かった。このあたりの国境に外国人がいるとあらゆるところに連絡がいってあんたの存在は筒抜けになっているはずだ。そのタクシー運転手と検問の警官とバイクタクシーの運転手はグルだよ。おそらくこのバンの運転手さえも。外国人がベネズエラにいるときは、行動はすべて把握されていると思ったほうがいい」

私はとっさにうしろを振り返った。リアガラスの先に青空の国境が見えている。その下を行き交う人々の喧噪はやがて小さくなり見えなくなっていった。

〔付録〕

野獣列車を追いかけて

Chasing "La bestia"

〈野獣列車のルートマップ〉

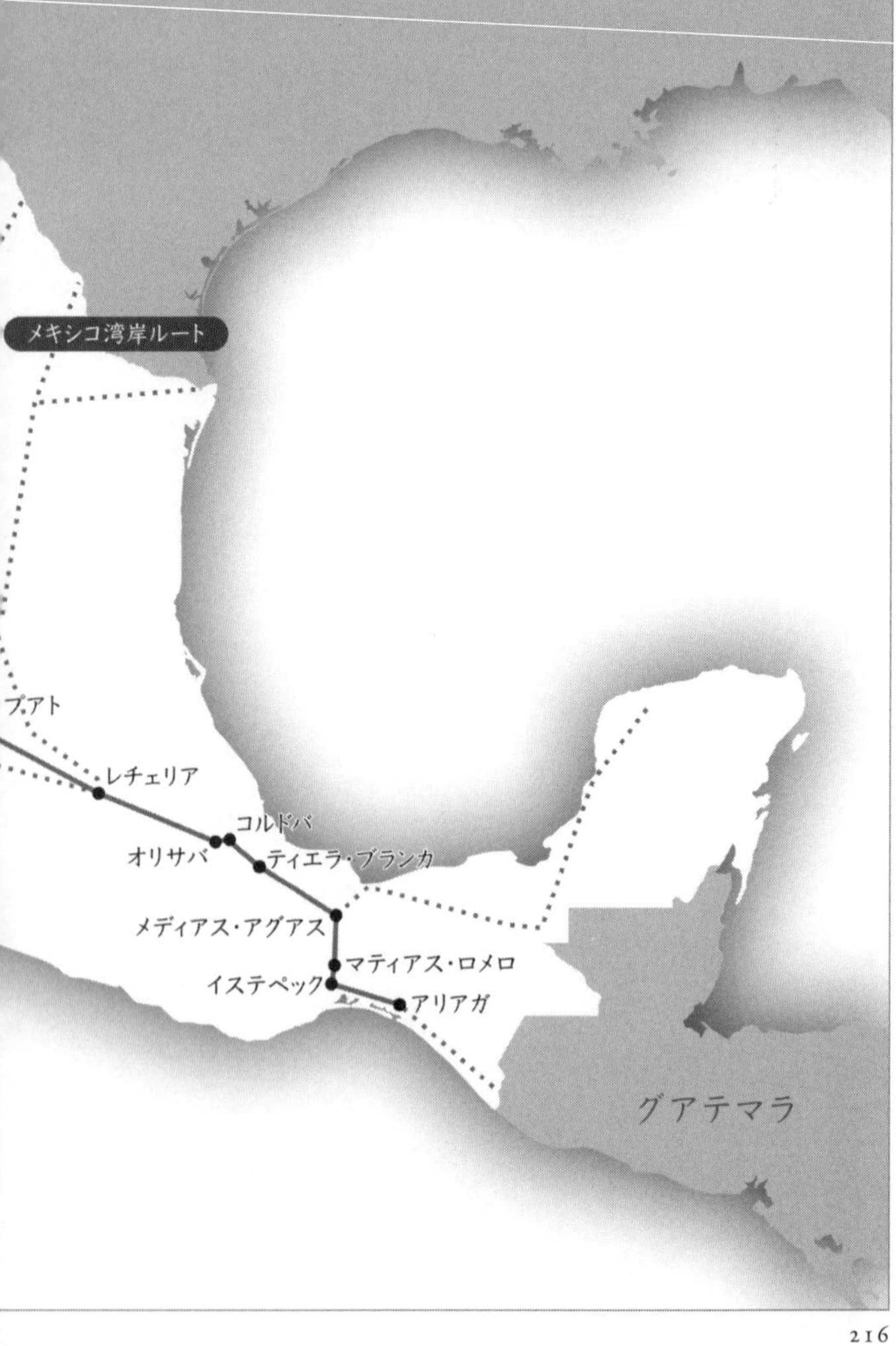

ノガレス
エルモシジョ
中央ルート
シウダ・オブレゴン
太平洋沿岸ルート
クリアカン
マサトラン
グアダラハラ

1　合言葉は、「ラ・ベスティア」でアメリカへ

鉄と鉄が擦れ合い、摩擦で車輪が軋む悲鳴のような音が徐々に遠のいていく。レールに手を触れるとまだ生暖かく、かすかな振動を残している。さっきまで大勢がいたはずの線路に人影はなく、日中の容赦のない陽射しが晴れ渡った空から降り注いでいる。列車が出発したというのに見送る人は誰もいなかった。

私は額の汗をぬぐって息をついた。この町の高速バスの停留所に着いたとたんに汽笛が聞こえ、慌ててタクシーを捕まえて線路に向かった。だが野獣列車は一足先に行ってしまった。

線路脇に待たせてあったタクシーに乗り込んだ。が、冷房が壊れているのを思い出して舌打ちした。

ふと思った。野獣列車の上は熱くないのだろうか。熱いトタン屋根の上に乗った猫のように耐えるのだろうか。いや、そもそも列車の上に人が乗ったままアメリカとの国境まで

無事に辿り着けるものだろうか――。

二〇一九年十月。ここはメキシコ南部チアパス州のアリアガ駅（Arriaga）。野獣列車の始発である。いや、厳密にいうとアリアガ駅から南へ約二十キロのトナラ駅（Tonala）が始発なのだが、運行頻度が少ないせいで移民たちはアリアガ駅を始発にしていた。

野獣列車を追いかけるために隣国グアテマラから陸路でメキシコに入国していた。国境から高速バスでアリアガ駅へ向かう約十時間のあいだに入国管理局による検問が八回あった。中米各地からアメリカを目指す移民たちはまず、この関門を突破しなくてはならない。アリアガ駅に着いた人たちは相当な運を持っていると言っていいだろう。アメリカ入国以前にそもそもメキシコ入国が難しくなってきているのだ。

メキシコを縦断する貨物列車に移民たちが飛び乗ってアメリカを目指す通称「野獣列車」に私が興味を持ったのは、コロンビアに住んでいた二〇一〇年頃だっただろうか。首都ボゴタの日本食レストランで働く傍ら、コロンビア全国三十三県のうち二十九県を回った。今でこそコロンビアは最大ゲリラ組織が解散して経済成長の真っ只中だが、当時、地方ではゲリラや麻薬組織に追われてアメリカを目指す人たちがいた。そんな彼らの合い言

アリアガの町の様子。

葉が、「ラ・ベスティア」と呼ばれる列車に乗ればアメリカまでいけるというものだった。「ラ・ベスティア」とはスペイン語で「野獣」を意味する。アメリカで働いて金持ちになりたいと口にする人たちが少なくなかったのである。

　そこには甘美な響きがあったが、試練も待ち受けていた。曰く、ギャング団が列車の上に乗ってきて有り金や若い女を奪っていく。曰く、誘拐されたあげく故郷に身代金の請求が行く。曰く、列車の上から転落して足や腕を切断する者がいる……。こうした危険を潜り抜けた者だけがアメリカとの国境に辿り着けるという話だった。

どんな人たちが列車に飛び乗り、何を所持しているのか。列車の上は過酷ではないのか。女性はいるのか。子供はいるのか。何を食べているのか。どのくらいの確率で国境に辿りつけるのか。私は野獣列車なるものにひどく惹かれていた。

とはいえ、そんな思いに駆られるようになっていた頃、野獣列車は下火になっていた。移民集団（キャラバン）が現れたからだ。

二〇一八年十月以降、ホンジュラスを中心に中米から一〇〇〇人規模の移民が徒歩でアメリカを目指すようになり国際メディアの耳目を引いた。彼らは各地で合流して最大で一万人を越えるキャラバンにまで発展した。ただでさえ移民の取り締まりを強化していた米トランプ元大統領は脅威を覚えてメキシコ政府に移民流入の阻止を強く要請。トランプ元大統領の意向に屈したかちでメキシコ政府は南部に大量の入国管理局員を送り始めた。

こうして大型の移民集団はアメリカどころかメキシコへの入国すら困難になり、少人数が入国管理局の目を潜ってメキシコに入国し、野獣列車に乗っていた。私がメキシコ南部のアリアガ駅に着いたのは、ちょうどそんな頃だった。私は彼らを追いかけ、タイミングを見て自分も飛び乗ってみたいと思っていた。

タクシーが出発すると、口髭をたくわえた中年の浅黒い運転手が口を開いた。

「あなたは中国のNGOの関係者？」

「いえ、野獣列車を取材するために日本から来ました」

「最近は移民も減った。昔は野獣列車の上に移民が溢れていた」

野獣列車は『闇の列車 光の旅』という映画（二〇〇九年アメリカ・メキシコ）にもなっているし、『夕陽の道を北へゆけ』ジャニーン・カミンズ著、宇佐川晶子訳（二〇二〇年二月）という小説にもなっている。

「列車は出発したばかりですが、次はいつ出るのでしょうか？」

「さあ、俺に聞かれても。ところで、安いホステルを探しているということだけど、ここはどうだろう。線路からも近い」

私は料金を払って外に出た。人口約二万五〇〇〇人のアリアガにしばらく滞在しながら、野獣列車に乗る移民たちに接触する機会をうかがうことにしたのだった。

2　俺たちと一緒にアメリカ国境まで行かないか？

安宿の固いベッドの上で目を覚ましたのは、汽笛のせいだった。スマホに目をやると深夜の三時半過ぎだった。天井に扇風機がついている部屋だが、首筋は汗で濡れていた。野獣列車が到着したのだろう。だがこの時間帯に一人で外に出ていく勇気はなかった。

私が線路に向かったのは、結局、朝の八時過ぎになった。町は活気に溢れ、停車中のトラックの荷台にアボガドをたっぷり乗せた露天商の男が「アグアカテ」（アボガド）「アグアカテ」という拡声音を振りまいている。街角にはタコスの露店が点在して狭い座席を客が埋め尽くしていた。

停車中の野獣列車の線路脇には樹木が並び日陰になっている。その一角に解体作業中のようなコンクリート造りの建物があり、たむろしている三人の男たちと目が合った。地元の作業員でもなければ浮浪者でもない。場違いというか、陰鬱な雰囲気を宿していた。壁際の大きな石に腰掛ける男の両手に手首はなかった。

ホンジュラスから歩いてきたラファエル(右)たち。

おそるおそる来意を告げると、一人が立ち上がってぎこちない笑みを浮かべた。ラファエルと名乗った。彼らはホンジュラスから辿り着いたばかりの三人組の移民だった。

「写真を撮るなら金をくれないか」とラファエルが低い声を出した。私はポケットに入れていた小銭を渡して尋ねた。

「ここには、いつ着きましたか? ホンジュラスのサンペドロから」

「今朝だよ。ホンジュラスのサンペドロから五日ほどかけて歩いて来た」

人口約一〇〇万人のサンペドロからグアテマラ共和国を挟んでここまで約六三〇キロ。大ざっぱに言って東京から広島市ぐらいの距離である。ラファエルの隣に座る男の目は血走っていた。

「三人はどういう関係ですか？」

「友人と甥っ子だよ」

「どうして国を出たのですか？」

男は少し間を置いて、奥にいる両手首のない甥っ子に向かって顎をしゃくった。

「見れば分かるだろう。ホンジュラスは今、暴力の国になっているんだ」

「具体的には？」

ラファエルは一歩踏み出して私に近づいた。

「その前に、甥っ子はおなかをすかせているんだ。みんなにタコスを奢ってくれないか？」

私は近くの露店で三人分のタコスと二リットルのコカコーラを買ってさっきの場所に戻った。三人は貪るように飲食を始め、一息ついた頃を見計らって私も地べたに座って話を聞いた。

ラファエルは四十三歳で甥っ子と共に同じ工務店で大工の仕事をしていた。だがある日、甥っ子が地元の不良少年にギャングに誘われ不遜な態度で断ると、後日、甥っ子は歩いて

メキシコ名物のタコス。

いるときに車で拉致され両手首を切断されてしまう。メンツを重んじるギャングによる見せしめだった。

甥っ子はすでに母親を亡くし父は行方不明に。父親代わりのラファエルは甥っ子を連れて国を出ることを決意する。友人も彼に意気投合して付いて来た、というのが大筋である。

言葉にすると簡単だが、ホンジュラス、エルサルバドル、グアテマラのギャング集団の横行は中米で問題になっており、背景には貧困と麻薬がある。中南米の麻薬市場はかつてコロンビアが牛耳っていた。生産と流通と販売（密輸）まで一手に仕切っていたが、巨大勢力が衰退し生産量も落ちると生産拠点と流通網は各地に分散した。その中心がメキシコであり、南米とメキシコをつなぐ中継地として前述の三ヶ国はとりわけ重要視されるようになった。

流通ルートに乗るということは消費者もおのずと増えていく。麻薬流通に関わるギャング団たちは貧困層の少年たちに「俺たちの仲間になれば女もドラッグも手に入る」と勧誘し、入団した少年たちは売人にドラッグを売らせ、売人を増やしていく。ギャング団の結束は家族よりも固く、メンツを潰されたらいかなる報復もいとわない。一度でも彼らに目をつけられると、本人はもとより家族や仲間まで巻き添えを食らう世界だと言われている。

ホンジュラス、エルサルバドル、グアテマラの犯罪は近年増えており、ゆえに祖国を捨ててアメリカを目指す人が常態化している。

ラテンアメリカの犯罪などを対象にした調査機関「インサイトクライム」によれば、二〇一九年のラテンアメリカの都市別殺人率の上位五都市には前出の三国が含まれているし、二〇一八年の世界殺人率ランキングは一位がエルサルバドル、三位がホンジュラス、九位がグアテマラ（国連薬物犯罪事務所調べ）である。殺人がないと「今日は珍しく殺人がない日でした」とニュースになってしまう国々である。

また、米国内に住む中米からの移民の数は二〇〇〇年が約二〇〇万人だったのが二〇一七年には一・八倍近くの約三五二万人に。二〇一七年時点の内訳の上位三ヶ国は、エルサルバドルの約一四〇万人、グアテマラの約九十五万人、ホンジュラスの約六十五万人である（アメリカの移民政策シンクタンク「MPI」二〇一九年八月十五日）。

近年の中米からの移民の目的は経済的な理由が一位で、次いで家族の一部がすでにアメリカにいるための離散家族の合流、そしてギャング団や麻薬組織絡みの暴力という順になっている（「米州開発銀行ニュース」二〇一九年十二月十七日）。そのほか干ばつなどの天候不良にくわえて、先述の移民集団（キャラバン）のような大規模なものになると便乗組も少なくないのではないかと私は思う。

ラファエルたちはアメリカに家族がいるわけではない。友人や知り会いはいるというが、住所や電話番号は知らない。とりあえずアリアガ駅まで行って野獣列車に乗ることが目的だったという。

ラファエルの持ち物を見せてもらった。腰につけるポシェットの中に、レモン、タマネギ、塩、ツナ缶、靴磨きに似た小さいブラシが入っていた。国を出発してまもないのに、たったこれだけなのか。バックパックやボストンバッグの類いはなかった。

ラファエルのポシェットの中身

「荷物をたくさん持っていると危険だからね」

そう言って肩をすくめて見せた。ほかの二人も似たようなポシェットや小さなショルダーバッグだけである。しかも甥っ子はサンダル履きだ。ハーフパンツの裾のあたりから、十文字のようなタトゥーが見えている。彼らはまるで何かに追われて着のみ着のままで出奔してきたような状態だった。

ラファエルがふいに私の目を見据えて提案してきた。

「なあ、俺たちと一緒に野獣列車に乗ってアメリカとの国境まで行かないか？」

3　暗闇の中を鈍い音を立てて進む黒い物体

ラファエルたちから離れて私は線路沿いを歩いている。線路を挟んだ東側には広場があり、レストランと町の歴史が分かる小さな博物館がある。西側には市場やスーパーや高速バスの停留場がある。アリアガはこぢんまりとした町である。

町の中央を走るこの線路は旅客鉄道ではない。貨物列車のみだが、前述のトナラ駅からアリアガ駅、そして次のイステペック駅までの全長一七〇キロは、かつてパンアメリカン鉄道と呼ばれ一九〇三年に完成している。今も駅舎らしき建物の一部が残っている。

メキシコ初の鉄道は一八七三年、大西洋沿岸のやや南部ベラクルスから首都メキシコシティまでの全長四二三キロである。イギリスの会社が三十六年の歳月をかけて敷設した。

メキシコの旅客鉄道は現在、北部チワワ州を走る総距離六五三キロの「チワワ太平洋鉄道」とメキシコシティ内の近郊を結ぶ「スブルバノ」という鉄道列車、それに第二の都市グアダラハラからテキーラの産地へ向けて運行する観光ツアー列車である。私がこれから追いかけていく野獣列車というものはすべて貨物列車だ。

ラファエルからの提案を呑む前に、ほかの移民たちにも会ってみたかった。歩いていると、木陰に隠れて焚き火をしている人影があった。ドラム缶の中で何かを燃やしていて、パチパチと音が爆ぜて煙が漂っている。笑い声も聞こえている。若い女性二人を含む八人ほどのグループだが、私に近づいて来た男は二十代前半か、金のネックレスを首からぶら下げ、落ちつかない様子であたりに目をやっている。

女性がいたせいでうっかり気が緩み、周囲にほかの人がまったくいないことにようやく気づいた。とたんに怖じ気づいて慌てて踵を返して線路を渡ると、男が早足に追いかけてきた。背中の汗が冷たいものに変わった。まずい、と思った瞬間、ちょうど駅の巡回員らしき作業着の二人組が歩いて来て私は「こんにちは！」とあえて大声で挨拶をした。男の足が一瞬ぴたりと止まったが、なおも付いてくる。交差点の近くに差し掛かり人がぽつぽつと現れると、男はそれ以上近づいてこなかった。移民ではなく地元の不良グループかもしれなかった。

体中にびっしょり汗を掻いていた。私はラファエルたちのもとへ戻った。解体作業中のような建物の一角にはしかし、違う五人組がいて目が点になった。つい今しがたまでいたのに。

私は少し遠くから及び腰で「さっきいたラファエルたちの知り会いですか？」と声をかけた。

痩せ細った四十代ぐらいの浅黒い男が首を横に振った。別の男が聞いてくる。

「君は何？　移民？」

「いえ、私は野獣列車を取材している日本人です」

男たちは疲れ切ってぐったりしていた。聞けばエルサルバドルから歩いてきたグループだった。今朝到着して、このあたりを転々としながらゆっくり休める場所をさがしている最中だったという。

昨夜、野獣列車を見送ったばかりなのに、いつのまにか移民たちが集まってきていた。彼らとも少し話したが、私のほうが逆に警戒されているようだった。私はその後もラファエルたちをさがしたが夕方になってもとうとう見つからなかった。

空が暗闇に包まれた二十二時頃、私は外の様子を見たくて宿を出た。夜勤の従業員に金を払って同行を頼んだのである。だが宿に従業員が不在になってしまうため、十五分限定だった。

夜気は生ぬるく、Tシャツとジーンズでも暑い。解体作業中のような建物の一角にはたして、誰もいなかった。しばらく線路沿いを歩くと、移民らしき人の群れが二つあったが、いくら同行者がいてもこの時間帯に声をかける勇気はなかった。約束の十五分が経ったところで私たちは宿に戻った。

汽笛が鳴ったのは、深夜の二時頃だった。寝ぼけ眼で私は慌てて宿の階下におりた。従業員はソファで横になりながらスマホをいじっていた。

「線路までもう一度、付いて来てくれないか」

男は少しためらってから、首を振った。

「それなら、さっきの二倍の料金を払う」と私はたたみかけた。

「タクシーも呼んでいいかい？　それならオッケーだ。時間もさっきと同様、十五分限定だ」

「分かった。タクシーも呼んでいい」

十分後にタクシーに乗って線路に向かった。向かったといっても五分もかからない距離である。解体作業中のような建物の前をゆっくり通ってもらいヘッドライトを当てると人影があった。ラファエルたちのあとに陣取ったグループのようだった。彼らは荷物を担いで準備をしている。いよいよ出発だ。

タクシー運転手はしかし、線路脇に車を停車して出発を待つのを嫌がった。移民たちにフェンダーミラーをもぎり取られた同僚がいるのだという。仕方なく言うとおりにして線路を起点に町をぐるぐる回ることにした。

宿の従業員は約束通り十五分で帰し、運転手と共に町を回って約十五分——汽笛がまた鳴った。線路に向かうとちょうど野獣列車が動き出したところだった。闇夜の中に墨を横に流していくように黒い物体が鈍い音を立てて流れていく。

タクシーを降りて列車を目で追った。石の細片のようなものが頬にぴしりと当たった。車体が発する風力が体にまとわりついてくる。連結部が現れるたびにそこに人の塊が見えた。車輌の上にも三組ほどが確認できたが、いずれもラファエルたちかどうかは分からなかった。ざっと三十人ぐらいは乗っている。

野獣列車の出発を待つ移民。

私はその場に立ち尽くしながら徐々に速度を上げていく野獣列車を見送った。アメリカとの国境まで約二四〇〇キロ、あと十四駅。このうち何人が国境まで辿り着けるだろうか――。私はとりあえずバスで各駅の移民を追いかけながら、機を見て野獣列車に乗ってみようと思っていた。

4　あんた、もしかして犯罪者かい？

駅舎の中は倉庫のようになっており、机や椅子にくわえて貨物列車の部品も無造作に積み上げられていた。窓ガラスを割った跡があるのは、移民が野獣列車を待つ間に中で過ごしたのだろう。いや、そんな大胆なことが出来るはずはないと打ち消した。

アリアガ駅からここイステペック駅（Ixtepec）までバスを乗り継いできたが、その間に入国管理局による検問が四回あったからだ。入国管理局は国境のみにあるのではない。国内各地に点在していて移民の拿捕に躍起になっている。移民たちは何より強制送還を恐れる。駅舎のガラスを割って中で過ごすなどという目立つことは避けるに違いなかった。

三車線のレーンのひとつには黄色の貨物列車が駐まっていた。駅の南北はローカルバスの発着所になっており、住民の多くが線路の上を往来している。オアハカ州のシウダド・イステペックは人口約三万人の小さな町である。

たそがれ近くの柔らかな陽射しが街並みの上を滑っている。

バス停の脇には露店があった。五十代前半くらいの主人がビニール袋の中にトウモロコシの粒を詰めて販売していた。「エスキテ」と呼ばれ、お好みでマヨネーズやケチャップやレモンをかけて食べるおやつのようなものである。ここに来た目的を告げると、店主は何と一袋を無料でくれた。

「それは良い仕事だ。野獣列車を使う移民は一時期に比べると減ったけど、今でもこのへんで野獣列車待ちをしている奴らが必ずいる。ただし、なかには悪い奴もいるから、くれぐれも気をつけるように」

しばらく駅の周辺で移民をさがしていると、駅舎のホームでリュックを枕代わりにして横になっている体格の良い女がいた。水色のスウェットパンツに紺色のタンクトップ。日焼けした浅黒い肌には艶があり、移民という感じではない。

近づいて、目が合うと「野獣列車に乗るのですか?」と私は尋ねた。

女はとくに警戒せずニッコリ笑うと、「そうだよ。南へ行く」と言った。南? 野獣列車はアメリカを目指す移民たちを乗せて北へ行くはずだが。

「アメリカへは行かないのですか? アリアガ駅に戻るのですか?」

イステペックの町の様子。

女は寝転んだまま少し困ったような顔をした。私は地べたに座って「エスキテ」を差し出した。女の表情が綻んだ。エルサルバドルの出身だという。

「アメリカにいたけど、強制送還になり、再びメキシコに来た。アメリカとの国境方面に向かっていたけど、メキシコ南部の友達のレストランで働かないかと言われ向かっている。金を貯めたらアメリカに行きたい」

野獣列車にくだりがあるとは考えたこともなかった。むろん貨物の運行としてのくだりはあるにせよ、人を乗せているとは思いも寄らなかったのだ。

メキシコのおやつ、エスキテ。

「くだりに人は乗っていますか？」

「ほんの少し」

「アメリカはどこに住んでいたのですか？」

「南のほうだよ。それよりあんたは、野獣列車に乗ってアメリカを目指すのかい？」

私も移民の類いだと思われているのだろう。そんなこともあろうかと思い、コロンビアで偽造の身分証を作っていた。アントニオ・フェルナンド・ボレ。これが私のコロンビアでの名前である。メキシコ入国に際してわざわざ古い服を着て、髭も剃らず、シャワーもなるべく控えてきた。場面や状況に応じて取材者と移民の二つの顔を使い

イステペック駅のホームで出会ったサラ。

分けようと思っていたのである。

「そうだよ。コロンビアのボゴタから来た」

「でも、顔は中国人だね。君のルーツは中国だね」

　そう言って彼女は自分の両目を指で釣り上げた。目が細い、と言いたいのだろう。彼女はサラと名乗った。

「ボゴタは稼げないのかい？」

「日本食レストランで働いていました。月に三〇〇ドル（約三万円）ほどです」

　コロンビアの月額の最低賃金である（二〇一九年十月時点）。

「バハ・カリフォルニアのエンセナーダに

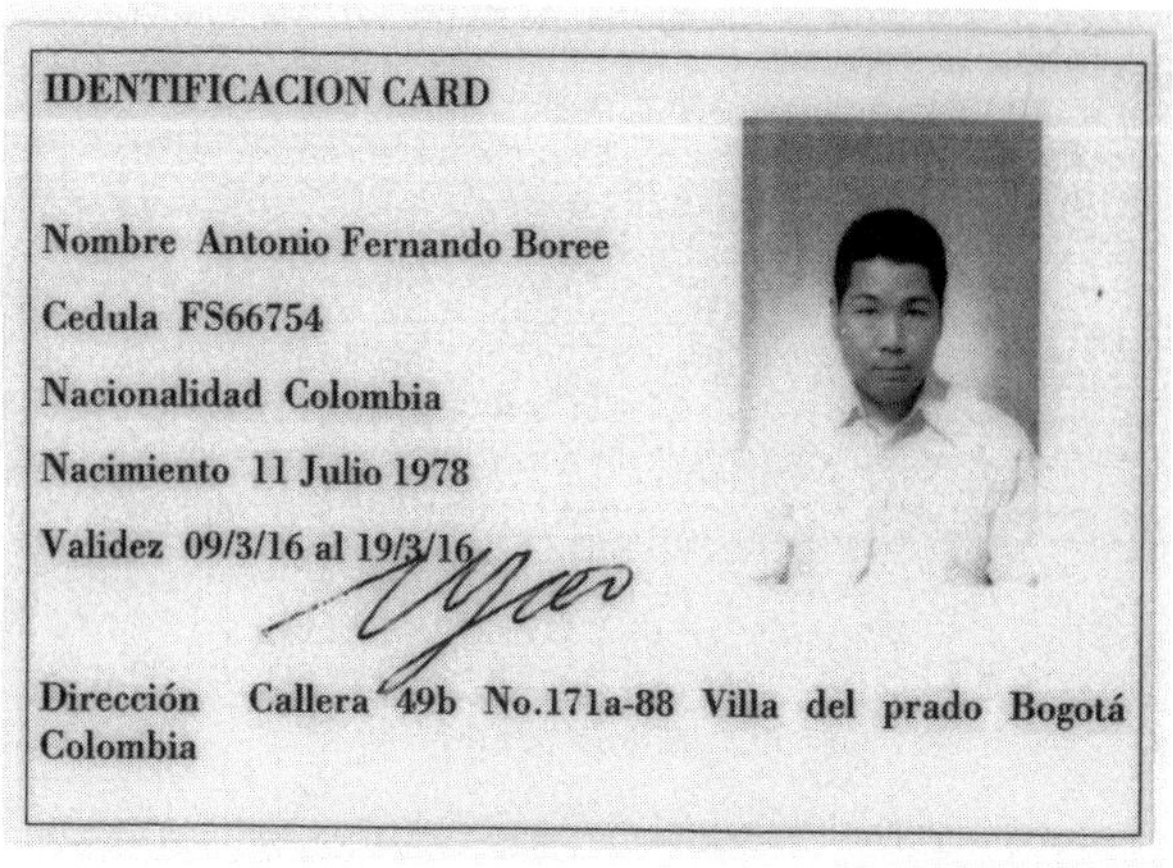

コロンビアで作った偽造の身分証。

行くといい。アメリカ人の金持ちが多いから、そこの飲食店で金を貯めてアメリカに行きなさい。賄いのご飯も美味しいよ」

太平洋に面した観光地でアメリカからも近い。

「サラはエンセナーダで働いていたの？」

「少しね。中米からアメリカを目指している人や、アメリカから強制送還になった中南米の人が集まったりしている」

「飲食店ではいくら稼げるの？」

「チップも入れて三〇〇〜四〇〇ドル（約三万円〜四万円）よ」

メキシコの最低賃金は地域や職種によって異なるがおおむね一万七〇〇〇円前後

イステペック駅に停車中の野獣列車。

（月額）である（二〇一九年十月時点）。

「ところで、野獣列車の乗り心地はどうなの？」

サラは渋面を作った。

「落ちないように神経を使うから疲れるよ。あんたも乗ってみれば分かる」

「エルサルバドルから初めてアメリカを目指したときも乗ったの？」

「乗ったけど、もうだいぶ昔のことだから忘れちゃった」

それからしばらくコロンビア料理の話などをしていると、遠くから人の声が聞こえてきた。目を懲らすと男女の警官だった。巡回だろう。私はすうっと立ち上がった。

これまでラテンアメリカ十四ヶ国を回っているが、警官や軍人こそが怖いという固定観念が拭えず、実際にコロンビアでは職質の末に一時拘束されている。パナマでは留置所に収容されたこともある。ましてや今日は偽造の身分証を携帯している。無用なトラブルは避けたかった。

サラは意に介さず寝転んだままだ。この図太い神経で世の中を渡っているのだろう。

「もう行くの？　あんた、もしかして犯罪者かい？」

何か大切なことを聞き漏らしているような気がするが、私は首を振ってサラと別れた。

5　移民の家「ルチャガル」

マティアス・ロメロ駅（Matias Romero）はレンガ調の背の高い建物だった。駅舎らしい趣があり、これまでの二つの駅と違い線路の両脇には編み目の柵や外壁がしつらえてあり中には入れないようになっている。

駅舎から線路伝いに東へ延びていく小路があり、左手には線路の柵が、右手には民家なのか店なのかよく分からない建物が連なっている。日の差さない陰気なその通りを歩いていると、ふいに指笛が聞こえた。

足を止めて振り返ると、建物の中から出て来たボディコンワンピースの艶めかしい女が「何を探してるの？」と柔らかな声で聞いてきた。女は二十代後半ぐらいか、浅黒い肌と桃色のワンピースがマッチしていた。

「野獣列車に乗る移民たちを探しています」

「女は要らないの？」

マティアスロメロ駅の駅舎。

マティアスロメロの町の様子。

私が首を振ると、女は見当が外れたといった様子で一瞥を外し、「移民の家に行けば」と呟くような声を漏らした。

私は慌てて女の背中に声をかけた。

「そこはどんなところで、どこにあるのですか？」

女は振り向いて溜め息まじりに言った。

「アメリカを目指す移民たちを泊めさせて、食事を与えているんだよ。あんたも移民なんでしょ？　知らないの？」

そんな施設があったとは知らなかった。

いや、言われてみれば前出の映画や小説にそのようなシーンがあったような気がするが、自分が移民の立場になってみて初めて興味を覚えている。

「あっちの郊外にあるよ」

彼女は東のほうに向かって手を振ると背中を向けた。

私は早速、大通りに出てタクシーを止めると、「移民の家を知っていますか?」と声をかけた。普通乗用車の車内は乗り合いタクシーだった。

運転手と後部席の女性が私をちらちら見ながら何やら話し込む。「プリメロ・デ・マヨ」(五月一日)という言葉を連呼している。中南米は地名や通りの名に日付が付いていることが多い。

麦わら帽子を被っている中年の運転手が、ぶっきらぼうに「分かった。連れて行ってやる、乗れ」と言った。定員の五人をオーバーしているが、運転手は助手席に座る老婆と運転席の間に私を押し込んだ。

ぎゅうぎゅう詰めになった車内は蒸し暑くすぐに額に汗が滲んだが、車が発進すると全開の窓からわずかな風が流れ込んできた。

「近いですか?」

「車で十分ぐらいだけど、道が悪くて目的地までは行けない。途中で下ろすから、あとは歩いて行ってくれ」

車は中心街を抜けて踏切のある線路を渡った。思わず線路の左右に目をやって移民がいないかどうか探してしまう。やがて十字路になると、右手に未舗装の赤茶けた砂利道が遥か先まで続いているのが見えた。オアハカ州マティアス・ロメロは人口約二万人の小さな町だが町に奥行きがあった。

「この先をずっと行くと移民の家がある」

そう言うと運転手は車を停車させた。私は助手席の老婆を越えて車を降りた。ポケットをまさぐりながら「いくらですか？」と尋ねると、運転手は手のひらを向けた。はっとして運転手の顔を見つめた。お金はいらない、という意味だ。移民だと思われているのだろう。私は礼を言って歩き始めた。

空にはわずかな雲があるものの、水色の絵の具を塗ったように晴れていた。昨日まで雨が降ったのか、所々が泥のようにぬかるんでいる道の両脇には、コンクリート造りにトタン屋根を乗せた民家が連なっている。町の郊外といった雰囲気である。

犬がひっきりなしに吠えて近づいてくる。どんどん増えてくる。日本から持って来た折り畳み傘をバックから取り出して威嚇しながら歩く。

急勾配な坂道もあり人気もなく不安になってきたところで中学生くらいの少女たちが姿を現してほっとした。「移民の家を探しているけど知っている？」と尋ねると、彼女たちは驚いたようにあとずさりしながらもう少し先のほうを指さした。

十字路から歩いておよそ二十分、民家が途絶えかけた一画の広々した敷地がそれらしき建物だった。白い外壁に囲まれて、外から中は見えない。重たそうな鉄扉の横に「移民の家　ルチャガル」という旗が貼ってあった。

移民の家はしかし、ブザーを何度押しても誰も出てこなかった。人や犬の気配もない。私は諦めて周辺をぶらぶらし、雑貨屋を見つけて中に入った。

ガラスケースの中にチョコレートやポテトチップスの小袋が入っている。その上はカウンター代わりになっており、電卓が置いてあった。盗まれないのだろうか。薄暗い店内に向かって声を上げると、犬の鳴き声と共に人が現れた。

ボーイッシュなベリーショートは茜色と茶色に染められて、一見するとすらっと見目のいい男のようでもあった。年齢不詳の中性的な女だが、よく見ると四十代か、五十代前半くらいに見える。

「すみません、あそこの移民の家のことで聞きたいのですが……」

「あなた、中国人？　日本人？」

「日本人です」

「何しにここに来たの？」

女はカウンター代わりのガラスケースに肩肘をついて笑みを浮かべた。目が少し宙をさまよっている。

「野獣列車の取材で移民たちを追いかけています」

「そう、そこの移民の家はね、最近、閉鎖されたのよ。残念だったわね」

どうりで人気がなかったわけだ。

「ねえ、あなた、日本はポルノ映画が盛んなんでしょ？」

意表をつく質問に戸惑っていると、女はにやにやしながらガラスケースをどけて近づいてきた。

閉鎖した移民の家。

「どうかな……」

「インターネットを見て私は知ってるのよ。ねえ、何を持ってるの？　見せて」

「傘だよ」

手渡すと、女はそれを口に含む仕草をして舌を出した。そしてけらけらと頓狂な笑い声を上げた。

私は傘を奪うようにして取った。女はなおも笑みを絶やさず左手の親指と人差し指で輪っかを作ると、そこに右手の人差し指を出し入れしている。薬中か。なるほど目が怪しいと思っていた。

私が背を向けると女は声を強めた。

「ねえ、部屋でしようよ。上がっていきな

よ。好きなんでしょ」

通りに出てしばらく歩くと、折良く乗り合いタクシーがやってきた。車内は冷房が効いていて心地いい。後部席の隣に座る中年の男に私は尋ねた。

「ルチャガルという移民の家を知っていますか？　閉鎖されたと聞きましたが本当ですか？」

男は分からないらしく運転手に話を振った。

「ああ、あそこね。昔はたくさん移民がいたけど、今はやってないよ」

中心街でタクシーを降りて私は町を歩いた。坂が多い。Tシャツが汗でびっしょり濡れていく。タコス屋に寄って腹ごしらえをしながら外を眺めていると、大きな体をした男が道行く人々の前でお札を掲げながら小さくなっていた。青いだぶだぶのTシャツにハーフパンツ。上下の身なりはいいが、靴とリュックサックがやけに汚い。

移民かもしれない。私は慌てて会計を済ますと外に出た。

追いかけるようにして声をかけると、目が合った。

真っ黒に陽に灼けた男は、朱色のお札を手にしていた。

私は取材者であることを告げて、話を聞かせてほしいと言った。すかさず男の右手が延びてきた。私はズボンの右ポケットの中の硬貨を出して手のひらを開けた。ややあって男が首を振った。今度は左ポケットの中に入っている札を一枚だけ取り出して翳して見せた。

男は満足そうに頷くと、すぐ近くの木陰をうながした。

6　列車に乗ること自体が野獣のように危険

男はロドリゲスと名乗った。

人通りの多い木陰で話を聞き終えると、彼はまた朱色の札を手に暑い通りに出て行った。ホンジュラスの首都テグシガルパ出身のロドリゲスは、今朝、野獣列車でマティアス・ロメロ駅に着いたばかりだった。目的はもちろんアメリカへ行くためである。だが資金がそれほどあるわけではない。そこで彼は母国の通貨レンピラの朱色の札を掲げながら路上で金の無心をしていたのである。ホンジュラスから来た移民であることを分かってもらうための方法なのだろう。

身長は一八〇センチほど。体は大きいが優しい声音をしているロドリゲスはしかし、通り一辺倒の話しかしてくれなかった。もっとも、アリアガ駅で出会ったラファエルやイステペック駅で出会ったサラのように積極的に話してくれる人のほうが珍しいのかもしれない。

ホンジュラスから来たロドリゲス。

ホンジュラスを出たのは「危険でアメリカへ行って稼ぎたいから。野獣列車の乗り心地は普通」。彼の話を要約するとこうなる。私と同じく移民の家に向かったが閉鎖されていることが分かり、とりあえず町で小金を稼ぎながら野獣列車の出発を待っているところだった。朝から夕方近くのこの時間帯まで町を回って二〇〇円ほど稼げたという。

ここまで三駅を回ってきた。ロドリゲスの話も含めて、分かったことが二つある。

野獣列車は未明に発着する傾向にあること。

移民たちは各駅に着くとまずは移民の家

に向かう可能性が高いこと。

私はネットカフェに入った。と言ってもメキシコに限らず中南米はどこもそうだがカフェがあるわけではなく、デスクトップのパソコンが部屋にずらりと並んでいるだけである。

グーグルにスペイン語で「メキシコ・移民の家・住所」と打ち込んだ。トップページに表示されたのは国際移住機関が発行している「移民のための避難所リスト」（二〇一八年度版）である。メキシコ国内の移民の家の住所一一三ヶ所がリストアップされていた。なるほど移民たちはこれを頼りにしているのか。私はこれから辿っていく各駅の移民の家の住所をピックアップして印刷した。

続いて野獣列車のルートも改めて確認した。グーグルに「野獣列車・ルート・メキシコ」と打ち込んでトップページに表示されたサイトは「建築家と人々」。私はメキシコに入国したときからこれを参考にしていた。社会問題に取り組む建築家たちの非政府組織であり、アメリカへ向かう移民たちのことをよく研究していた。野獣列車のルートも詳細だ。

そもそも野獣列車には二つの意味がある。ひとつは貨物列車の車体が野獣のようにいかめしいこと。ひとつは移民を乗せてアメリカとの国境に向かうようになって以来、多くの人々が列車からの滑落やギャング団の襲撃により死傷しているため、列車に乗ること自体が野獣のように危険だという意味が込められている。グーグルで野獣列車を検索しながら初めて知ったことだが、野獣列車は別名、死の列車とも呼ばれているようだった。

7　移民の家と移民を支援する人々

メディアス・アグアス駅に着いたが、これ以降の五駅は移民たちに会えなかったので、その分は日記形式に留めておく。

十月×日

メディアス・アグアス駅（Medias Aguas）のあるベラクルス州メディアス・アグアスは、牛が草をはむ牧草地帯やフィンカと呼ばれる金持ちの別荘に囲まれた人口約一二〇〇人の小さな村である。

とはいえ鉄道の重要な拠点だ。

私がグアテマラとの国境から辿ってきたルートは太平洋側だが、実は大西洋側から来る野獣列車もあり、この二つが交錯するのがメディアス・アグアス駅なのである。しかし村

メディアス・アグアス駅の駅舎。

村の入口。

の中心部に雑貨屋は二店、食堂らしい食堂は一店。看板の出ている宿も移民の家もないため、移民たちはこの駅では息を潜めて次のティエラ・ブランカ駅で街に繰り出していたようだ、と食堂の女性は言っていた。

この村の近くにはオカムラという日本人の男性が住んでいたという。メキシコの女性と結婚して広大な農園を所有していた。数年前に亡くなったが、地元の人たちからとても尊敬されていたという。

十月×日

メキシコに入国して初めて女性ドライ

野獣列車にはアート画や落書きがしばしば描かれる。

パン・デ・ムエルト（死のパン）。

バーのタクシーに乗車したのが、人口約五十万人、ベラクルス州のティエラ・ブランカである。これまで辿ってきたルートの中でもっとも暑く、もっとも大きな街だ。ティエラ・ブランカ駅（Tierra Blanca）の駅舎には巡回員がいて写真撮影を厳しく注意された。

郊外にある移民の家を取材者として訪ねた。が、アポとプレスカードがないと応じられないということで中には入れなかった。街の瀟洒なカフェでメキシコ名物のパン・デ・ムエルト（死のパン）を食べた。メキシコは毎年十一月一日と二日が「死者の日」と定められており、故人をしのぶ祝祭がおこなわれる。そのとき食されるパンで砂糖をかけるなど甘いものが多く、ここではチョコレートがかけられていた。

十月×日

野獣列車に乗る移民を支援する「パトロナス」(Patronas)という団体を訪ねた。人口約二十二万人、ベラクルス州コルドバのコルドバ駅(Cordoba)からローカルバスで四十分ほど。郊外の雑木林の一角に事務所があり、十頭ほどの犬が出迎えてくれた。

野獣列車の通過に合わせて、線路脇から移民に食事を投げ渡す支援をおこなって二十五年。取材者として来意を告げると、ベテランの女性ボランティアスタッフが対応してくれた。

「野獣列車に乗る移民は最近、減っています。最盛期は二〇〇八年頃でしょうか。うちでも移民の家のように泊まる部屋は用意してありますが、支援のメインは食事です」

野獣列車が前出のティエラ・ブランカ駅を出発すると、同駅の近くの移民の家のスタッ

パトロナスの入口の壁面には野獣列車マップ。

コルドバ駅の様子。

フがパトロナスの事務所に連絡を入れる。「今、列車が出た」と。ティエラ・ブランカ駅とパトロナスの近くの線路までは約七十キロ、三時間ほどで来るという。野獣列車の通過に合わせてパトロナスの支援者たちは大量の食料を持って線路脇で待機し、走行中の野獣列車に食料を投げたり手渡ししているのである。野獣列車に時刻表はないから、そのような手段を取っているのだ。
「彼らのための食事は毎日作っています。米は毎日三十キロ～四十キロ炊きます。フリホレス（うずら豆）は毎日二十キロぐらい使います。ボランティアスタッフがここに常駐して対応しています。移民たちはみんな私たちの息子よ。息子を助けるのは当然じゃないですか」

あいにくこの日は代表者が不在で支援現場も見ることができなかったけれど、スタッフたちの慈愛溢れる言葉に接することができた。

オリサバの街の様子。

十月×日

気温がぐっと下がったのは、オリサバ駅（Orizaba）のあるベラクルス州オリサバである。人口約十二万、薔薇の産地で雨が多く、メキシコ最高峰のオリサバ山（五六一〇メートル）がそびえ立っている。野獣列車に乗る移民たちは寒い思いをしているのではないか。私はセーターの上にナイロンジャケットを羽織って歩いたが、各駅で出会った移民たちが防寒具を持っていた記憶はない。

移民の家に行けば彼らの動態が分かるだろう、と思い訪ねたがここも閉鎖されていた。教会が移民の家の役割を果たしている地域もあるのだが、彼らの姿はなかった。オリサバ駅は警察と一体になっており、駅舎の中に入れる環境ではない。所々が崩れている外壁からたびたび中を覗いたが、移民たちがいるような形跡はなかった。

そもそも野獣列車に乗った移民たちは各駅の駅舎のホームで下りるわけではない。そんな目立つことをすれば駅の係員が近隣の入国管理局に通報するだろうし、入国管理局員による巡回もあるからだ。駅のだいぶ手前で下りるパターンが多いようである。

十月××日

レチェリア駅（Lecheria）は、首都メキシコシティ内の近郊を結ぶ鉄道列車の駅でもある。これまで貨物鉄道の駅を追いかけてきたが、私が辿っているルートではここだけが唯一、一般の旅客鉄道が併走している。

駅には小さなショッピングセンターが併設されており、セブンイレブンやレストランが

レチェリア駅のホーム。

併設の小さなショッピングセンター。

連なっている。都市に来たという実感が湧く。中米からここまで来た移民たちも新鮮に感じられるはずだ。

地元のタクシー運転手によれば移民の家は閉鎖されたという。どこもかしこもそんな調子だ。アメリカを目指しにくくなって移民の数が減っているのにくわえて、なかには政府系の移民の家もあるため、入国管理局に情報が筒抜けになってしまうことがあるのだという。すねに傷のある移民にとっては安心できないだろう。

8　ホンジュラスから来た七人の若者たち

ガレージの脇に備えつけてあるブザーを何度か押して諦めかけたとき、顔だけ出せる小窓が開いた。若い男が警戒して距離を置いたまま声を発した。

「何の用ですか？」

「野獣列車の取材をしています。日本から来ました。話を聞かせてもらえませんか」

目が合った。値踏みするようにこちらを見つめている。

「代表への事前のアポとプレスカードが必要です。ありますか？」

「いえ……、移民の人たちは今日、何人ほど宿泊していますか？」

「誰もいません。それでは」

小窓がぴしゃりと閉まった。

人口約六十万人、ここは、グアナファアト州イラプアトのイラプアト駅（Irapuato）からタクシーで十五分ほどの移民の家だ。待たせてあったタクシーに乗り込んで運転手に首を振ると、五十代前半ぐらいの彼は提案してきた。

「移民がたむろしている場所を知っている。コカコーラ社の近くだ。行ってみるか?」

具体的な場所を提示してきたので、私は話に乗ることにした。

男は饒舌だった。聞いてもいないのに、駅の跨線橋の下でマリファナが買えることや駅のすぐ近くの二軒のホテルの前では昼間から売春婦がいるなどを教えてくれた。私を一般の外国人旅行者として見ているのか、それとも移民の一人として見ているのか分からなかった。メキシコに入国して以来、移民のフリをすることもあるため、私は自分が人からどう見られているのかよく分からなくなっていた。

やがてタクシーは高架橋の下で停まった。車の流れの多い幹線道路だが、東西に線路が延びていた。奥のほうを見ると、線路の両脇にはトタン屋根の民家や所々が崩れた外壁が連なっており、そこに背をもたれている若い男たちがいた。

私はタクシーを下りて彼らに近づいていった。

午後の力強い陽射しが線路の上を満たしている。スナック菓子の袋や空のペットボトルが散乱している。彼らは見るからに二十代の若者たちだ。すれた雰囲気を感じさせない。

それでも私は五、六メートルほど距離を置いた状態で話しかけた。

「どこから来たのですか？　アメリカを目指しているんですよね」

七人は一様にこちらを見つめると、何人かが頷いた。一人が逆に尋ねてきた。

「君は移民の支援者？」

少し考えてから答えた。

「いえ、野獣列車に関心があります。話を聞かせてもらえませんか」

誰も何も答えなかった。暑さだけがじわじわと体を包んでいる。彼らは俯いたり、所在なげに遠くを見つめたりと様々だ。言葉が思い浮かばず立っていると、誰かがぼそりと呟いた。

「……喉が渇いた」

野獣列車を乗り継いで疲れているうえにこの暑さだ。私は近くのスーパーで二リットルのコカコーラとスナック菓子を買って戻った。ぐったりしていた彼らはとたんに生気を取り戻した。

彼らと一緒に地べたに座って話を聞いた。

ホンジュラスから来た移民たち。手前から2番目がムイセス。

七人はホンジュラスから来ていた。四人と三人の別々のグループだったが、始発のアリアガ駅で意気投合して一緒に行動している。イラプアト駅には昨夜の二十三時頃に着いたという。

二十五歳のムイセスは人懐こい優男だ。首都テグシガルパの郊外でトラックの運転手をしていた。給料は月給三五〇ドルほどでこの国では悪くなかったが、住んでいる地域で麻薬やギャング絡みの殺人が日常茶飯事。ロサンゼルスに行った友達は飲食店で月給二〇〇〇ドルを稼ぎ、インスタグラムやフェイスブックに彼女との楽しそうな写真をアップしていた。

「羨ましかったよ。アメリカに行けば治安の心配がなくチャンスが広がると思った」

こうして同じような思いを抱く友人たちと計らって祖国を出発したのである。

ホンジュラスやエルサルバドルでは、《アメリカ行き募集》のチラシがしばしば出回るという。あるいは誰からともなくメールが回ってくる。《×月×日／新宿東口の飲食店××の裏口に集合。みんなでアメリカに行こう》といった具合だ。なかにはフェイク情報もあるので注意は必要だが、こんなものが頻繁に回ってくれば心動かされるのも無理はないだろう。

野獣列車のことも聞いた。怖くないのか、と。

「電車の上で眠ると落ちることがある。連結部に座って車体に寄りかかって眠るのがいい。でも、人が多いと列車の上で寝ざるを得ないから、そのときは仲間と交代で眠るんだ。ところが、見張り役が眠ってしまうことがある」

そう言って微笑むと、ムイセスは隣にいる友人に顎を向けた。場が盛り上がった。

「ところで、これまで辿ってきたルートで、一番大変なのはどの場所でしたか？」

「オリサバ駅の前後だ。寒くてびっくりした。移民の家で噂を聞いていたけど、まさかここまでだとは思わなかった」

「どこの移民の家？」

「ティエラ・ブランカ駅の近くだ」

私が取材を断られたところだ。気になっていることを尋ねた。

「あなたたちは各駅で下りると、必ず移民の家に向かうのですか？　閉鎖しているところもありますよね？」

野獣列車は各駅止まりが基本だ。

「各駅ごとは行かない。閉鎖しているところもあるし、移民の家に行かなくても、指定ポイントに支援団体が来るところがあるからだ。ここがまさにそのポイントだよ。その先の高架橋の下に毎日十八時に食事を持ってくる人たちがいる。だからここではあえて移民の家には行かない。時間が来たら君も一緒に行こう」

9　ついに、野獣列車へ

空が薄暗くなってきたころ、線路と幹線道路が交錯する付近からスラックスにＹシャツ姿の痩身の男が現れた。線路のほうに向かって方々に目を配ると、声を張りあげた。

「コミーダ（食事）！」

男が背中を向けるとムイセスたちは立ち上がった。私も後を追った。高架下には植え込みやプランターがあり、小さな緑化地帯のようになっていた。高架橋を支える支柱には動物やプロレスラーの絵が描かれていた。

ステーションワゴンが中央に停まっていた。バックドアを開けたまま中から荷物を降ろしている支援者の男女がいる。フランスパン、チーズ、ハム、ミネラルウォーターのほか、トイレットペーパー、下着、石鹸、シャンプー、靴もある。なるほどこれまで出会ってきた移民に身なりの良い人が多かったのは、こういう支援があるからなのか。簡単な怪我の治療や散髪もおこなってくれるが、靴の交換は状態がよほどひどい場合のみに限られてい

アミーゴス・デル・トレイン・メヒコによる食事の配給。

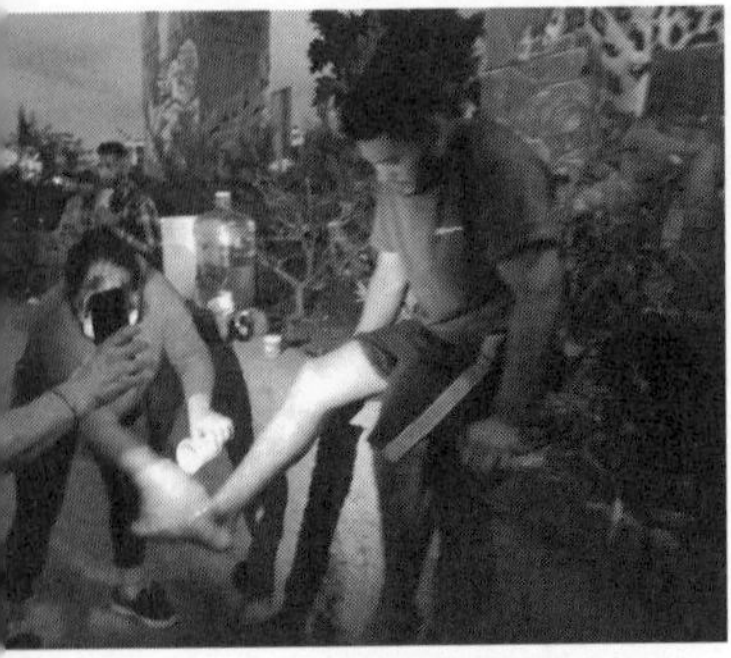

簡単な怪我の治療もおこなう。

る。

　どこからともなく、まるで匂いに釣られるように移民が次々と集まってきた。いったい彼らはどこに潜んでいたのだろう。その数は三十人近くになっていた。支援団体の名は「アミーゴス・デル・トレイン・メヒコ」(Amigos del tren Mexico)という。先ほど私たちを線路にさがしにきた現場責任者のホサファ・ルイスが全員を集めて、声を強めた。

「アメリカへ行くまで、あなたたちには困難が待ち受けている。しかし、死んではいけない。あなたたちは勇敢だ。あなたたちは強い。どうか自由を勝ち取ってほしい。

私たちはそのための支援をします」

その後、移民の家に向かうグループと残るグループが半々ぐらいに分かれた。ムイセスたちは残り、おそらく深夜に出発するであろうとみている野獣列車に乗るという。私は彼らと行動するために、投宿している宿にいったん戻り食事と荷造りをすることにした。

ホサファ・ルイスに野獣列車のルートの話を聞いた。野獣列車のルートは複数あるが、昨今の主要ルートを知りたかったからだ。

「移民たちがアメリカのどこを目指しているかによってルートは変わってくる。つまり人による。例えば、ロサンゼルスが目的の人は、西海岸に向かっていく太平洋沿岸の路線に乗るのが最短だ。ところが、ただ単にアメリカに行きたい、という人は最終目的地がないから、トレンドのルートを行くことになる」

トレンドとは麻薬組織やギャング団の餌食になりにくいルート、列車の運行状態の良いルート、入国管理局員の出没が少ないルート、アメリカへ密入国しやすい国境にダイレクトに行けるルートなどを指す。時期によって変わるのだ。

野獣列車で各駅に着いた移民たちには様々な危険が待ち受けている。周旋屋や女衒が彼らの境遇を知ったうえで言葉巧みに近づいてくるだけならまだしも、麻薬組織が力づくで彼らを拉致して非合法な仕事をさせることもある。

例えばアリアガ駅のある《チアパス州でホンジュラス人、エルサルバドル人、グアテマラ人ら二十二人の移民が誘拐されていたが救出された。そのうち未成年者が八人いた。（中略）中米からメキシコを通ってアメリカを目指す移民たちは人身売買業者や麻薬組織の犠牲になることが多い》メキシコ日刊紙「エル・エラルド・デ・メヒコ」（二〇一八年八月二十六日）。

ルイスは「アミーゴス・デル・トレイン・メヒコ」が発行している小さなチラシを私に見せた。野獣列車のルートが描かれていた。

「昨今、私たちが推奨しているのは、太平洋沿岸のルートだ。理由は簡単で、ほかのルートよりも運行の危険度が低いからだ。もちろん野獣列車に乗っている時点で安全ではないのだが、それでもトンネルや電線や雑木林の木の枝が障害物になることがほかのルートに比べて少ない」

ここイラプアト駅から先は枝分かれしてアメリカのサンディエゴなど西海岸方面に向

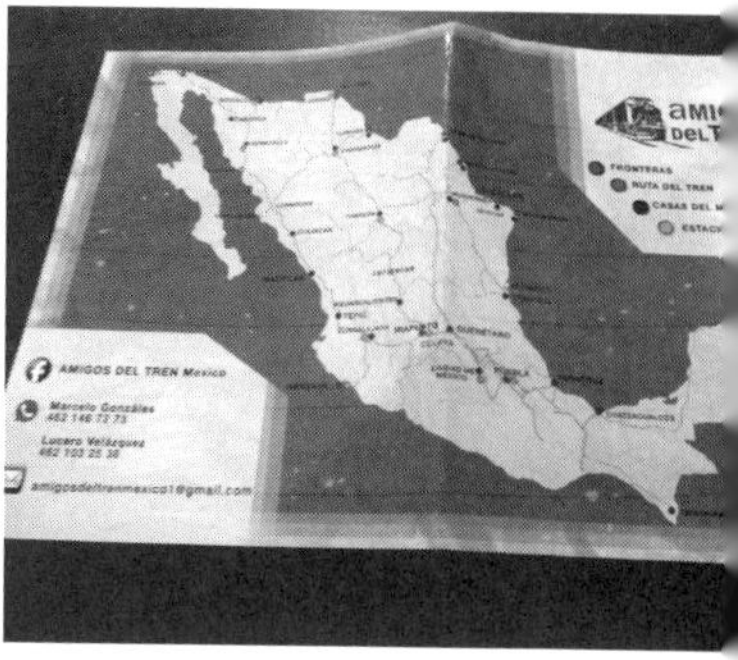

アミーゴス・デル・トレイン・メヒコが作成した野獣列車マップ。

イラプアトの街の様子。

かって行く太平洋沿岸のルートと、メキシコ中央部を北上してアメリカのニューメキシコ州方面を目指すルートに分かれる。私は迷っていたが、ムイセスたちが太平洋沿岸のルートを行くというので、そちらにすることにした。「アミーゴス・デル・トレイン・メヒコ」が推奨するルートだ。

「機を見て野獣列車に乗ろうと思っています。どう思いますか？」

ルイスは視線を固くした。

「あなたはこの国のことを知らない。野獣列車は危険だらけです。それなのに、彼らはなぜ野獣列車に乗ると思いますか？　それしか手段がないからです。入国管理局員による検問があちこちであり、見つかれば強制送還の対象になるからです。でも、あなたにはほかの手段がある。パスポートもお金もある。バスでも飛行機でも船でもアメリカに行ける。各駅をバスで追いかけていくだけでも充分危険なのです。どうかやめてもらいたい」

ルイスは、私の今夜の宿泊先を心配してくれたうえに、移民たちに渡している食事までくれた。

私は宿の部屋でその食事を食べて少し休むと、チェックアウトを済ませタクシーを呼んでもらった。時計の針は二十一時を少し回っていた。荷物は四十五リットルのバックパックと肩掛けのショルダーバッグだ。野獣列車に乗る移民にこんな大きなバックパックを背負った人を見かけたことがない。これは目立つかな、と思いながらコカコーラ社の近くの高架下でおりた。

いよいよ野獣列車に乗る。イラプアトの夜はTシャツでちょうど良い心地だが、手のひらには汗を掻いていた。

暖色系の街灯と車のヘッドライトに照らされながら人気のない道路を歩く。線路と交錯する。薄暗い線路の奥のほうにはしかし人影がなかった。さっきまでムイセスたちがいた場所には誰もいない。ペンライトを出したが同じだった。慌てて線路に手を当てる。生暖かい。もしや出発したか。

昼間、ムイセスたちにコーラを買った雑貨屋に行くと、店の電気は灯っていないが奥の住居のほうは明るく人のざわめきがあった。私は「すみません！」と大声で呼びかけた。店のほうに電気がついて太った中年の女性が警戒しながら姿を現した。

「すみません、野獣列車は出発しましたか？　近くにいた移民たちが誰もいなくて」

「あんた移民かい？　さっき汽笛が聞こえたから出発したんじゃないかしら」

野獣列車の出発に定時はない。これまでの話では、おおむね深夜から明け方だと聞いていただけに意表を突かれた。次の駅はグアダラハラ駅（Guadalajara）だ。私は落胆しながらもその足で高速バスの停留所に向かいグアダラハラを目指した。

10　あなた、国はどこ？　移民じゃないよね。

移民の家の前にタクシーが止まると、ちょうど堅牢な黒のガレージが開いて、数人の移民が列になって建物の中に吸い込まれているところだった。昼下がりのまぶしい日ざしが彼らの横顔を照らしている。

私はタクシーを降りると転がるようにして彼らに続いた。首尾よく最後尾で中に入れた。電動式の扉がゆっくり閉まっていく。扉の上枠は剣先フェンスになっており、まるで大使館か何かのような重々しい雰囲気があった。メキシコ第二の都市ハリスコ州グアダラハラの中心地からタクシーで二十分ほど。

メキシコ西部の移民を支援するNGOの移民の家「FM4　パソ　リブレ」（FM4　Paso Libre）である。

ほっとしつつ視線を走らせる。入口は二十畳ほどのリビングになっており、部屋の壁際に椅子が十五個ほど並んでいる。リビングの向かいは奥へ通ずるドア、右側は事務所ス

移民支援団体「FM4・パソ・リブレ」の事務所。

グアダラハラの街の様子。

ペース、左側はアクリル板を乗せたテラスになっていた。

私たち八人は言われるがままに椅子に座って旅装を解いた。靴とバッグ以外の身なりはやけに新しく、そのアンバランスさが彼らが中南米方面からやってきた移民であることを物語っていた。

始発のアリアガ駅からここまで十駅目。一度は必ずどこかの移民の家もしくは前出の「アミーゴス・デル・トレイン・メヒコ」のような支援ポイントで衣服を替えているはずだ。

私たち以外は先行して到着していたとおぼしき若い女性が四人と子供が三人いた。

やがてグラスに注がれたオレンジジュースが回ってきた。みんな旨そうに一気に飲み干すと、荒々しく口元を手の甲で拭って息をついた。私は隣の浅黒い男に尋ねた。

「野獣列車で来たのですか？　いつ着きましたか？」

男の体からはドブ臭い匂いが漂っている。

「今朝だよ。飲み食いしていない。お腹空いた。君は」

「コロンビアから来ました。フェルナンドです」

彼らはホンジュラスとエルサルバドルから来ている二十代から四十代ぐらいの混合グループだった。男は壁に背をもたれて目を閉じた。よほど疲れているのだろう。

次いでお皿が回ってきた。フランスパン、スクランブルエッグ、中南米でフリホレスと呼ばれているウズラ豆の煮付けがのっていた。一人だけ東洋人の私がいても咎められないところを見ると、これまで同じような顔立ちの人がいたということだろうか。

食事を終えみんな壁に背をもたれてくつろいでいると、事務所の若い女性スタッフが部屋の中央に立って、「皆さん、身分証をお願いします」と声を張り上げた。

私はアントニオ・フェルナンド・ボレの身分証を財布から出した。順番に回収していく女性に渡すと、私の二つ隣の男が「俺はないよ。必要なのか」と険のある声で鋭い眼差しを向けた。

スタッフは小刻みに頷きながら柔らかな笑みを浮かべると、彼の前に立った。

「うちに泊まれるのは最大三日間、一回泊まったらその日から向こう二年間は泊まれません。そのための確認です。身分証がなければ、所定の用紙に名前や住所などの必要事項を記入して下さい。今、持ってきますね」

男は渋々ながらも頷いた。身分証をどこかで落としたのか、それとも、身分証を出せない事情があるのか。

しばらくしてスタッフが戻ってきて男に用紙を手渡すと、彼女は、「フェルナンド」と呼んだ。一瞬、誰のことか分からず周囲を見回して気が付いた。俺の偽名じゃないか——。慌てて返事をして視線を合わせた。

「こちらへ来てもらえませんか？」

事務所スペースのほうに誘導されてキャビネットの事務机の前に座ると、彼女と向き合った。なりすましだと気づかれたのかもしれない。私の身分証を返しながら彼女はきっぱりとした口調で告げた。

「フェルナンド、これはコロンビアの本物の身分証じゃないですよね」

多くの移民と関わっている慣れと自信のようなものを感じた。昨今、コロンビアからの移民は少ないが、一九八〇年代から二〇一〇年頃まで、中南米の移民といえばコロンビア人が定番だった。三〇〇万人以上が国を出ている。彼女たちはコロンビアの身分証の各年代のフォーマットを把握しているのだろう。

「あなた、国はどこ？　移民じゃないよね……」

雰囲気でバレてしまったのだろうか。どうしよう、と考えていると彼女は笑みを絶やさぬまま続けた。

「ここへはどんな目的で来たの？　何か協力できることがあれば協力するわ」

私は迷った末に肩掛けのショルダーバックから日本のパスポートを取り出して机の上に置いた。

「実は野獣列車のルポを書きたくて日本から来ました。移民の家がどういう様子なのか知りたかった」

「なるほど、そういうことね……。話してくれてありがとう」

彼女は私のパスポートを捲りながら聞いた。

「プレスカードは？　所属は？」

「フリーランスなので、公的なものは何も持っていません」

「私たちは移民を守らなくてはならないの。悪い人がここに紛れ込んで来たら大変。だから確認しなくちゃならないの。プレスカードがないと取材は難しいと思うけど、代表に相談してみて」

彼女はそう言って代表の電話番号とメールアドレスをメモ用紙に書いてくれた。そして立ち上がると、入口のほうに手を向けた。

「ひとつ質問があります」と言いながら私も立ち上がった。

「野獣列車は今、どのルートが主流ですか」

「あくまでも個人的な意見だけど、太平洋沿岸のルートだと思うわ」

イラプアトで出会った支援団体「アミーゴス・デル・トレイン・メヒコ」の推奨ルートだ。やはり近年はここが主流なのだ。

私は調子に乗ってもう一つだけ尋ねた。

「この街の野獣列車の発着ポイントを知りたいんです」

彼女は微苦笑を浮かべた。

「あなた、質問はひとつだけじゃなかったの？　仕方ないね、いいわ。ここを出て右へ行くと線路がある。そのあたりに今朝ここを出た移民がたくさんいるはずよ」

私は礼を言って建物を出た。

11　ホンジュラス出身のジャレ、二十二歳

移民たちはあっさり見つかった。

線路脇の樹木の下に四、五人のグループが三つあった。線路沿いを辿ればさらに多くのグループがいるかもしれない。温厚そうな四人グループに声をかけて話していると、ひょろっとした背の高い男が「ゲイシャ、ゲイシャ」と嬉しそうな声を発しながら近づいてきた。二十代前半だろうか、男は茶褐色の肌に引き締まった顔立ちをしていた。青い長袖の薄手のトレーナーにグレーのスウェットパンツ。日中は明らかに暑い恰好だが、野獣列車対策だろう。靴は真新しい運動靴だ。おそらくどこかの移民の家か支援ポイントで替えたのだろう。

「どこで芸者のことを知ったの？」

「インターネットで見た。俺は料理人だから、日本食に興味がある。君は日本人？　韓国人？　どうしてここに？」

ホンジュラスから来たジャレ（左）

「野獣列車を取材している。日本から来た。あなたは？」

「ホンジュラスから来た。名前はジャレ。取材ということは、もちろん野獣列車には乗ったんだろうな」

こちらの胸中を見透かしたような挑戦的な言葉だった。

「まだチャンスがないんだ。ここで乗ろうと思っている。でも、正直、怖い」

ジャレはとたんに笑い出した。

「そうだろう。日本で寿司を食ったり芸者と遊んでいれば、野獣列車に乗るのは難しいだろう。野獣列車に乗らないと、俺たちの気持ちは分からない」

ジャレは遠慮なく胸を抉ってきた。その通りだった。私が何も言えず固まっていると、彼は手を振って線路をあがる合図をした。

「俺の友達を紹介する。ついて来いよ」

ジャレはホンジュラスの首都テグシガルパ出身の二十二歳。真珠採集や洋食レストランのコックを経てアメリカ行きを思い立った。同郷の知人がニューヨークのレストランで雑誌に紹介されるシェフとなり、月給八〇〇〇ドルを稼ぐようになった。「俺も稼げるはず」とアメリカ行きを決めた。真珠採集の仕事では素潜りで一〇〇メートル以上を潜ったと言い、「ニューヨークで俺は月収一万ドル稼ぐ」とうそぶく。何かと数字がでかい男なのである。

ジャレは線路を歩きながらラッキーストライクの箱を出すと、一本を抜き出して火をつけた。旨そうに一服つけると、私に渡してきた。煙草は吸わないが断るのが嫌で吸い始めると、彼はリュックサックからジャックダニエルの小瓶も取り出した。一口煽ると、不敵な笑みを浮かべて言う。

「どうやって手に入れるか知りたいか?」

私が頷くと、彼はとたんに線路を突っ切り、住宅街のほうに向かって走って行った。慌てて追いかけると、人通りのある幹線道路に出た。ちょうど若いＯＬ風の二人組が前方から歩いてくると、ジャレは二人の横でさりげなく歩調を合わせて口を開いた。

「ホンジュラスから来て食う物に困っています。一ドル恵んでほしい。どうかお願いします。どうか神のご慈悲を……」

私が呆気に取られていると、しばらく同じようなことを続けて十五分弱。初老の女性から一ドル頂戴することに成功していた。

「俺たちはこうやって金を稼いでアメリカに行くんだ。日本人、お前もやってみろよ。俺たちのことを書くんだろう。俺たちの気持ちになってみろよ」

前方から今風の若い男が近づいてきた。私は彼の前に立って「すみません、コロンビアから来た……」と言いかけたところで、男は足早に私を交わして行った。ジャレの笑い声が聞こえてきた。

「前に立つな。同じ方向にゆっくり歩くんだ。さりげなく手を出せ」

十五分ほど続けたが逃げられてばかりで私は観念した。

「分かってほしかったんだ。俺たちがどうやって稼いでいるか。さあ、線路に戻ろう」

12 「バモス！」（行くぞ！）

すっかりジャレのペースに巻き込まれながら戻ると、線路の両脇には掘っ立てた小屋にトタン屋根を乗せただけの粗末な民家が連なっていた。家から線路に放り投げたバナナの皮や菓子の袋が散乱して悪臭を放っている。そこを抜けて広がりのある空間に出ると、線路の両脇に点在する樹木の下に移民たちの塊がいくつかあった。

快活なジャレは顔見知りが多く、彼らに向かって親指を立てたり指笛を吹いたり一言二言の言葉を交わしていく。そして外壁に寄りかかっている五人のグループの前で止まると、私は思わず声を上げた。

イラプアトで出会ったグループだ。優男のムイセスもそこにいた。彼らは私の顔を見ると表情を緩めた。一人で祖国を出発してきたジャレは群れないタイプに見えるが、イラプアトーグアダラハラ間の野獣列車で同郷の彼らと知り合い親しくなったのだろう。

「何だ、お前ら知り合いなのか」とジャレは呆れてから続けた。

トランプに興じる移民たち。左奥がムイセス。

「せっかく日本人のスポンサーを連れてきたのに」

それから私たちはトランプに興じたり、みんなで雑魚寝のように横になって野獣列車を待った。前出の移民の家を出るときにもらったパンとペットボトルの水は皆、平らげているようだ。彼らが飲食にありつけるのは、次の駅の移民の家や支援ポイントだ。

夕方前の空は緊張を孕み、今にも一雨来そうだった。

気が付いたのは、汽笛だった。

まどろんでいた私たちは一斉に立ち上が

ると、慌ただしく靴を履いて荷造りを始めた。ムイセスは私を置いて脱兎の如く駆け上がって行った。ジャレの姿は見当たらない。

線路の両脇は砂利の地面が両側ともに十メートル近く続き、倉庫のような建物が連なっている。その前にはぽつりぽつりと木々が並んでいる。野獣列車が遠くから「チンチン、チンチン」と音を立てながらヘッド部分を見せた。

私たちは線路の上を走り、やがて袂を分かつように二手に分かれて行った。ムイセスの背中を追って左斜めに走っていくと、右斜め行く群れにジャレの姿をとらえた。どこからともなくたくさんの移民が現れているが、野獣列車に直接向かっていく者はいなかった。まるで暗黙の了解のように各々が木の下に集まっていく。ムイセスたちに追いつくと、五人が木の下で息を潜めて腰をかがめている。

「なぜ乗りに行かないんだ？」と私は息を切らしながら尋ねた。

誰かが答える。

「入国管理局の職員やギャングが待ち構えて俺たちを一網打尽にすることがある。罠がないかどうか様子を見るんだ」

まるで獲物を狙うように木陰でいくつかの群れが待機している。異様な光景である。これから列車を強盗する集団のようにも見えなくはない。地面を伝う振動が徐々に大きくなっていく。

野獣列車がついに轟音を上げて近づいてきた。車体は緑や柿色や灰色に彩られている。ムイセスが「バモス！」（行くぞ！）と声を張り上げて口火を切った。

それが合図となった。何人かが十字を切って一斉に飛び出して行った。私は急いでショルダーバックからカメラを取り出して動画モードにした。各自が自分を鼓舞するかのように「行くぞ！」、「ヒャッホー！」と奇声を上げているが目の前に迫ってきた汽笛がそれを掻き消している。

ムイセスたちがジャンプ蹴りのようにして連結部に飛び乗った。列車の速度は思いのほか早い。数人がガッツポーズしてこちらを見つめた。敢然と列車に飛び乗っていく姿は躍動的だった。

心臓が一気に跳ね上がり、胸がきゅっと締め付けられてきた。車体が発する威風と速度におののいていると、うしろから次から次へと私を追い越していく。目の前にきた。一人

野獣列車に飛び乗る移民たち。

が私に向かって手を出した。何かを必死に叫んでいるが、足もとがすくんで動けなくなった。彼らの姿があっというまに流れていくと、私はついに見送ることを決心した。
　野獣列車の稜線が遠のいていくと、まるで何かの合図のように雨がちらついてきた。にわか雨はしだいに沛然たる豪雨となり、グアダラハラの街をまたたくまに灰色に染めていった。

13　再びアメリカを目指す二本指の男

マサトラン駅（Mazatlan）のあるシナロア州マサトランは人口約五十万人の海岸リゾート地だ。観光客と地元民のエリアが分かれており、後者のゲストハウスに泊まると、メキシコシティから来ている二十代のOL二人組と同室になった。彼女たちは自転車を借りて観光客のエリアに繰り出していた。観光客エリアまでは三十分ほどかかり、ディスコや海水浴を楽しめるが、宿泊施設はどこも高すぎて手が出ない。それでわざわざ地元民エリアの宿に泊まっていたのである。二段ベッドが二つ置かれた部屋で彼女たちに野獣列車についていて尋ねると、いやそうな顔をした。

「野獣列車？　名前は知っている。よくニュースになってるから。でも、中米から歩いて来て汚らしいわ。麻薬を運んだり、悪さをする人もいるんじゃないの。怖いわ」

都市部に住んでいる今風の女性たちの感覚のひとつなのかもしれない。野獣列車のルートを記した地図を見せると、ひどく驚いていた。自分が生まれ育った国を、移民たちがこ

マサトランの街。地元民エリアの様子。

マサトラン駅の様子。

のように具体的なかたちで移動していることにショックを受けたようだった。「移民に国が乗っ取られているみたい」という言い方をしていた。

マサトラン駅は地元民のエリアにあり、線路沿いの病院の脇に多くの移民たちがたむろしていた。が、そのグループはこれまで会ってきた人たちと違い、暗い雰囲気をまとっていた。焦点の定まらない眼、削げた頬、声を立てない無気味な笑いが彼らが置かれた状況を示していた。

私は当たり障りのない話をして、この付近で移民の家の役割を果たしているという教会に向かった。十分ぐらいと聞いていたが三十分以上かかった。この街はこれまで辿ってきた各駅のなかで一番暑く、歩いているだけで地上から暑熱が湧き上がってくるようだった。

教会のあるサルバドールアジェンデ地区の住宅街では、家の前に炭火をかけてトウモロコシや肉を焼いている家族の姿をいくつか見かけた。

教会は閉まっていた。目の前の植え込みの花壇の縁に腰を降ろして汗を拭っていると、ツバのある灰色の帽子を被った小柄な男がやってきて、閉まっていると分かると残念そうに振り向いた。男の左手は膨れあがり、指が二本しかないような状態だった。私は声をかけた。

「中米から来た移民ですか?」

男は警戒することなく頷くと、「君は?」と柔らかな声と眼差しを向けてきた。野獣列車を追いかけていることを告げると、男はその左手を顔の前に翳した。

「四年前に落ちたんだ」

ホンジュラスの地方都市サンタ・バルバラ出身の四十歳。二十歳のときにアメリカに密

野獣列車から落ちて左手を怪我したホンジュラス人。

入国して以来、強制送還と密入国を繰り返している。先月、強制送還となり、再びアメリカを目指しているのは、フロリダのタンパに十五歳の息子と九歳の娘がいるからである。

「最近はアメリカも稼げなくなってきた。昔ほどうまみはないけど、それでも中米よりかは断然いい。プラスティック工場で働いていたときは最高で四千ドル稼いだこともあったな。地元のホンジュラスだと良くても六百ドルだ」

元カフェ店員らしく、口を開けると話し好きだ。

「野獣列車も変わった。昔は列車の上にた

くさんの移民が乗っていた。そこで出会ってアメリカで結婚したカップルもいたし、連帯感が強くなり、アメリカでコミュティを築いた人たちもいた。でも最近はみんな徒党を組まない。悪い連中が交じっていたりするから関わりたくないんだろうね。それに、列車のスピードが速くなったのが大きい」

私は驚いて聞き返した。

「そう、速度だ。昔はゆっくりだったから、みんな車体の上に乗って寝た。でも、今は速いから上で寝るのが危険なんだ。ギャング団が列車の上の移民を襲撃して金や女を巻き上げて行く時期があった。それを阻止するために鉄道会社が速度を上げ発着時間も不規則にした。結果、襲撃は減ったけど、列車から落ちて死んだり怪我をする人が増えた。俺はまさにその犠牲者だ」

体験者が語ると説得力がある。と同時に府に落ちることがあった。

野獣列車を描いた映画やドキュメンタリーを見ると、車体の上に大勢の移民が乗っているのだ。しかし今回、各駅で話を聞くと「車体の上にはなるべく乗りたくない」、「危険」、「連結部で寝る」と答える人が多く、その差に釈然としないものがあった。ようやく疑問が解けた。野獣列車を昔から何度も乗っているからこそ分かることだ。

それにしても彼は、どこで、どういう状況で落ちたのだろうか。

「俺が落ちたのはこのルートじゃない。タマウリパス州という地域の野獣列車だ。雑木林を越えていくルートがあり、木に引っかかって落ちたんだ。トンネルもこわかった」

その左手になっても野獣列車に乗り続けるのはなぜなのか。

「もう慣れてしまったから、今さら徒歩でメキシコを縦断するのがキツいんだ。特に最近は入国管理局員も至る所で俺たちをさがしている。金もないし、これしか手段はない」

彼はメキシコ各地の移民の家の常連でもある。多くの移民の家は一回の宿泊が五日以内の限定で、一度宿泊すると二年ないし三年は泊まれない規則になっている。野獣列車を往来して、移民の家を転々とする「移民の家生活者」を防ぐためだ。

とはいえ、彼はベテランだ。

「移民の家にもよるが、事情を話せば据え置き期間内でも一日ぐらい泊めてくれるところはあったし、偽名で泊まったこともある。でも今はこの左手だから、バレやすくなった」

そう言って笑いをとってしまう。ポジティブだが、事故当初のショックは計り知れないものがあっただろう。

私は言った。

「実はグアダラハラで野獣列車に乗ろうと思ったけど、怖くて乗れなかった。想像以上に速く、足がすくんだ」

「それは当然だ。乗っていたら、僕らはここで会えなかったかもしれない」

彼の一言に、救われた思いがした。

14　クリアカン駅からエルモシジョ駅まで

十一月××日

クリアカン駅（Culiacan）では移民に会えなかった。メキシコで話題のニュース映像が脳裏にちらつき、外出を躊躇してしまったせいもある。シナロア州の州都クリアカンは人口約一一〇万人。宿泊先の宿やレストランで出会った人々は優しく穏やかだが、麻薬カルテルの街としても知られている。

二週間ほど前、メキシコの治安当局はクリアカンでメキシコの麻薬王エル・チャポの息子で幹部のホアキン・グスマンの身柄を拘束した。ところが直後に麻薬組織からの反撃にあい仕方なく息子を解放している。機関銃などで重武装した麻薬組織の仕様が治安当局を上回る規模で付近住民に更なる影響を及ぼす懸念があったためだという。（「CNNニュース」二〇一九年十月十九日）。

両替商の美女が並ぶ通り。

こんなニュースに接してまもなくクリアカンに入ったせいか、少し身構えてしまったのである。

駅周辺の移民探索もほどほどに宿に帰るとき、異様な光景を見た。

繁華街のやや外れに伸びているミゲル・イダルゴ通り。色とりどりのパラソルが三十個ほど等間隔に並び、その下の長椅子に女性たちが座っていた。なぜか妙齢の美女が多いのである。彼女たちはドルの両替商だった。観光地でもない街の一画になぜこんなに両替が必要なのか。

麻薬でドルが唸っているとしか思えなかった。

十一月××日

シウダ・オブレゴン駅（Ciudad Obregon）付近には草むらや倉庫があり、移民たちは隠れやすそうだった。注意深くあたりに目をやると、いくつかのグループがある。日中はTシャツで十分暑いが、空気が乾いているせいかあまり汗を掻かない。

ソノラ州シウダ・オブレゴンは人口約四十三万人。線路脇の草むらには鉄骨が人の背ほどまでに積み上げられており、家族連れの子供がジャンプして遊んでいた。だが父親とおぼしき男は野生じみた風貌とは裏腹に目はやや虚ろで、何かに耐えているような雰囲気を宿していた。黒い運動靴は底が半分ほど剝がれて歩くたびにペタペタさせていた。移民だろう。

一方、母親らしき女性は、形の整った顔に厚い唇が印象的で、険しい途上であるはずなのに、そのことをまったくおくびにも出さない爽やかな笑顔を振りまいていた。

妻女はパオラと言い、見かけ通り気さくだが旦那のほうは寡黙だった。友人夫婦とその

シウダ・オブレゴンの街の様子。

パオラ夫婦と子供（左3人）。

友達の合計六人で国を出て来た。

　ブヨのような虫がひっきりなしに足もとにまとわりついている。野獣列車について尋ねると、パオラが言った。

「列車の上は怖くて眠れないから、みんなで連結部に乗る。人が多くて連結部に乗れないときは、列車を一本遅らせているわ。子供がいるからとにかく安全第一。アメリカまでもう少しだわ」

　国境の街ノガレスまであと二駅、距離にして約四〇〇キロである。国を出た理由は

「危険だから。できることなら出たくなかった。でも、出なくちゃならなかった」

と切迫感を感じさせたが、それ以上は話さ

なかった。旦那のやつれた姿を見ていると語れないことが多そうな気がしたが、パオラとはその後もコンタクトを取り続けることになる。

十一月××

ソノラ州の州都エルモシジョは人口約八十万人、長距離バスのバスターミナルでは警察に手を引かれた麻薬犬が活躍していた。国境に近づくにつれて、アメリカへの麻薬密輸の局面が増えていくからだろう。メキシコ政府は南部では移民探索に、北部では麻薬捜査に力を入れなくてはならない土地柄なのだろう。

エルモシジョ駅（Hermosillo）の周辺は乾いた砂地で、企業の工場やホテルやコンビニのほかに民家がわずかにあるだけで、そこからアメリカ方面に目をやるといくつもの丘陵地帯の稜線が見ている。

駅から北へ一キロほどの住宅密集地にある移民の家は閉鎖していた。金網のフェンス越しに痩せこけた犬が三匹、激しい勢いで吠えていたが人気はなかった。近所の人に聞くと

エルモシジョの街の様子。

閉鎖した郊外の移民の家。

「セントロ（中心地）に移った」と言うが、セントロでも結局見つけられず、移民の姿も見かけなかった。あと一駅で終着駅のノガレス駅である。彼らはどこで、どんな気持ちで過ごしているのだろうか。

15　アメリカ国境を目の前にして

赤茶けた鉄柵が国境にずらりと並んで行く手を遮っている。高さは六メートルほどか。夜中に脚立を使って越えたらどうなるだろう、と尋ねると、男は唇の片方を釣り上げて、くくっと笑った。

「カメラが至るところに付いているから、アメリカの国境警備隊がすぐに飛んで来る。この間も、バッグにマリファナをいっぱい入れたメキシコ人が越えたとたんに捕まった」

終着駅のノガレス駅（Nogales）からタクシーで十五分ほどでアメリカとの国境の鉄柵に着く。向かいは米国アリゾナ州のツーソンである。メキシコ側のソノラ州ノガレスは人口約二十二万人、アメリカとの国境の街らしく、繁華街にはアメリカの国旗がはためき、両替店が軒を連ね、飲食店の雰囲気もアメリカナイズされている。薬局と歯医者が多いのは、物価の低いメキシコで事を済ませたいアメリカ人の需要があるためだろう。

このあたりはちょうど繁華街で、今日は鉄柵を背に地元ミュージシャンによるライブが

アメリカとの国境の鉄柵。

ノガレスの街の様子。

あるため賑やかだった。私は鉄柵の前のローカルバスの停留所にいた。新しい街に着くとまずはローカルバスに乗って街の雰囲気を見るのが好きなのである。停留所にはベンチとコカコーラの瓶の自動販売機があり、夕方前の買い物帰りの主婦が二、三人いた。

男はどこからともなく笑顔で近づいて来て「日本人？」と聞いてきたのである。向こうから近づいて来るのは大抵、客引きか周旋屋の類いだ。

男は得意げになって話し始めた。

「知ってるか、アメリカへコカインを運ぶ

ためのトンネル一一〇本がノガレスで発見されているんだ。ノガレス側のトンネルの入口は墓に作ることが多いんだ。そんなところにあるとは誰も思わないだろう。まったくすごいことを思いつくよな。ところで——」

男は一呼吸置いてから表情を変えた。

「両替はしたのか？　良いレートで替えてやる」

両替商か。手を振って断ると、男は周囲を気にしながら私の耳元に口を近づけた。

「女か？　中南米各国の女がそろっている。よりどりみどりだ」

ラテンアメリカ各地で私はこの手の男に出会う。顔で判断されるのか、あるいは、そういう雰囲気を発散させてしまっているのだろうか。今後の情報収集のために男から電話番号を教えてもらい、尋ねた。

「女はどこの国の子が多いんだ？」

「ホンジュラス、エルサルバドルだ」

野獣列車に乗って来る人たちの国籍とぴたりと一致する。せっかくここまで来たのに、アメリカに入国できずやむを得ずその世界で働く女性もいるのかもしれない。

食堂に並ぶ移民たち。

翌日、昼前に移民の家に行くと、長蛇の列が出来ていた。移民の家といっても宿泊施設は別にあり、ここは移民のための専用食堂である。国境で人道支援を展開している「キノ・ボーダー」（Kino Border）という団体が管理・運営している。宿泊施設内のベッドには限りがあり全員は泊まれないが、食事に関しては手続きした移民全員が無料で食べることができる。中南米からの移民はもとより、ロシア、ソマリア、南アフリカからも来ていた。アメリカ国境の最前線だ。

三十代の小柄なキューバ人と知り合った。多くの移民は国境まで辿り着いて疲れ切っているのだが彼は溌剌としていた。キューバから野獣列車以上の過酷な脱出行を体験して来たのだという。

キューバ南部のグランマ州を密航船で出発。二十四人がぎゅうぎゅうに詰め込まれた粗末な船はカリブ海の荒波に呑まれ、転覆の危機に晒されながら這々の体で中米のホンジュラスに着いた。

「ゲバラのような気分だった。彼も密航船でキューバに来ているからね。ホンジュラスからは徒歩とヒッチハイクでメキシコに入国し、ここまでは野獣列車だ。ここの移民の家ではワイファイが使えるから最高だ。アメリカに入国したいけど、メキシコで働くのも悪くないと考えているよ。とにかく今はハッピーさ」

彼と一緒に路上で食事待ちをしていた二十代のホンジュラス人は対照的だった。

「妻子をホンジュラスに残してきている。地元は危険で仕事もないから、妻子を国内のほかの街に引っ越させて僕だけ出て来たんだ。アメリカでたくさん稼いで仕送りしたい。今の心配事は妻子と連絡が取れていないことだ。地元で何かあったんじゃないかと考えると、

ホンジュラス人（右）とキューバ人（右から2番目）。

気が気じゃない」

ノガレス駅に野獣列車が着いたとき、列車には十人ぐらいしかいなかったという。

「メキシコに入国して一ヶ月半、ようやくアメリカとの国境に着いたという達成感はあったけど、スマホを持っていないから、とにかく妻子と連絡を取りたかった。ここの食堂はワイファイが使えるから、スマホを持っている人から一時的に借りて妻のワッツアップやメッセンジャーに連絡を入れたけどまだ返信がない」

ノガレスに着いたばかりの二人はこれからアメリカ入国のための難民申請をおこなうが、審査は厳しく時間もかかる。それが通らなければアメリカに密入国するか、さもなくばメキシコのバハ・カリフォルニア方面へ仕事をさがしに行くパターンが多いようである。

ちなみに、彼が辿ってきた野獣列車のルートは私が辿ってきたのと一緒だが、どの区間が一番大変だったかと問うと、オリサバ駅の前後を上げた。

「とにかく寒かった。おまけに列車の上は凍っていてツルツル滑るんだ。暑いのは我慢できるけど、寒いのには参った」

私は丸二日間、ここで多くの移民と関わり、この時期、話題になっていた密入国地点を聞いた。何人かがソノイタの名を上げていた。

ソノラ州ソノイタ（Sonoyta）はノガレスから国境沿いに西へ約一九〇キロ、人口約二〇〇〇〇人の国境の町だ。私は後日そこへ行ってみたが、向かいはアメリカのアリゾナ州である。サボテンが点在する荒涼とした砂漠が広がり、彼方にはいくつもの岩山の稜線が霞んでいた。ノガレスにあったような鉄柵はない。四十度に達する気温のなか、ここをガイドなしで五日も六日もかけて歩いて行くのである。

密入国ポイントのひとつ、ソノイタの風景。

アメリカ・メキシコの国境距離は三二一五キロメートル。アメリカは一九二〇年代から国境を遮断する鉄柵や木柵やフェンスをこしらえていた。移民問題が本格化する以前から物流の不法流入があり、トランプ政権誕生前にすでに国境の約三十五%にはそれらが建設されていた。前出のノガレスの鉄柵も該当するが、高さだけは近年になって増設された。

密入国（もしくは不法越境とも呼ぶ）する場合、通常はコヨーテと呼ばれる道先案内人にガイドを頼む。相場は四千ドル（約四十万円）だ。コヨーテが案内するのは、多くがそれらの建設物がない砂漠や山岳地帯や川を通っていくルートである。その結果、この二十年、国境では七五〇五人が死亡、二〇一七年だけでも二九八人が死亡している（メキシコ日刊紙「エル・エコノミスタ」二〇一九年六月三日）。

死亡の原因は転落・滑落の事故、脱水症状や熱射病のほかに溺死や殺人もある。コヨーテにガイド料を払えず代わりにコカインを運ぶこともあれば、運悪くハズレのコヨーテを引いて有り金をすべて奪われ殺されることもある。コヨーテの導きなしで国境を越えて行くのもまた困難である。

いずれにしても密入国には茨の道しか待ち受けていない。

だがホンジュラスの彼は意に介さない。

「それしか最終手段はない。アメリカで稼いで故郷の家族を幸せにしたい」

野獣列車十五駅を二十八日間かけて辿ってきた。一〇〇人近くの移民に会い、十人ほどと連絡先を交換した。しかし、合法・非合法問わずそのうちの誰かが無事にアメリカに辿り着いたという報告はまだない。

あとがき

破綻国家寸前と言われながら、ベネズエラサッカー一部リーグはずっと試合を続けていた。人道危機、食料不足、無法地帯、国外脱出四〇〇万人——。日本でこうした報道に接しながら、私は不思議でならなかった。試合の延期はあるものの、どうしてサッカーリーグは運営しているのだろう。

こうした疑問に端を発して私はベネズエラに向かった。

人々は満足な生活を送れていなかった。しかし、報道の切り取られ方が大仰だったせいか、想像していたほどではない、というのが偽らざる私の印象である。「食えない」、「国を出たい」と言いながらそれほど悲壮感を感じさせない人たちが少なくないのも、ベネズエラの不思議なところである。

私はこれまで中南米を十四ヶ国ほど回っているが、貧困層も国外脱出者もどこにでもいる。ベネズエラに限った話ではないのだ。ただ、私がベネズエラ人だとしたら、将来に希望が持てず国を出る方策を検討していると思う。

私が知りたかったのは、地下鉄やローカルバスは動いているのか、人々は何を食べているのか、月給はいくらなのか、病院や学校はどうなっているのか、現金やクレジットカードは使えるのか、博物館に外国人観光客は来ているのか、観光ツアーは組まれているのか、スポーツの試合はおこなわれるのか、といったごく当たり前の情報だった。

本文では触れていないが、マッチングアプリの恋愛市場も動いていた。「二十四時間以内にログイン」という機能があり、誰が何人ログインしているかが分かる。ひとつのアプリでは、女性は常時二十人、男性は三十人ほどだったが、破綻国家寸前と言われている国でも恋をしたい男女はいるものだ。結婚式も葬儀もおこなわれていたし、介護施設も動いていた。人々の営みは続いているのだ。

観光ツアーに関しては複数の旅行代理店に尋ねたが、二〇二〇年九月以降、バックパッカーなどの外国人観光客が徐々に戻り始め、国内でもっとも有名な観光地の「エンジェルフォール」と「ギアナ高地」のツアーもわずかだが組まれ始めていた。

ところが、そんな矢先にコロナが追い打ちをかけた。あれだけ威勢の良かったディナが

「お金を送ってほしい」と窮状を訴えてきたのが何よりの証左だろう。ベネズエラサッカーリーグもさすがに中断され、二〇二〇年十月に再開している。

ベネズエラのコロナ状況は、二〇二〇年三月に国内初の感染者および死亡者が確認され、二〇二一年一月上旬時点で感染者は約十一万五千人、死亡者約一千人、回復者は約十万人と中南米の中では低水準である。

ベネズエラのロックダウンは州にもよるが感染者が確認された三月中旬以降ロックダウンに入り、六月以降はロックダウンと解除を一週間ずつ繰り返す特異な措置をとっている。

オマルは政府の対応を評価していた。彼は現在、どうしているのか。

「ありがたいことに、日本人学校から給料を頂けています。とはいえ、(九月には)最低賃金がついに一〇〇円を割ってしまい、物の値段は下がらないので非常に厳しい生活を強いられています。それでも家族一丸となって何とか切り詰めています」

ディナはどうしているのか。

「ロックダウンの解除中はネスティを売っているが、ほんの少ししか売れない。サバナグランデの露天商たちと協力し合って何とか過ごしている。少しでいいからお金を送ってほしい」

本文でも触れたが、国営の総合病院のひとつは一時的にせよ紙が用意できない状態だった。コロナ患者が運び込まれたらどうなるかと考えると恐ろしい。社会インフラのメンテナンス不足も加速度的に進んでいくだろう。国家としての体裁が成り立たなくなってくるのは時間の問題だ。

こうした状況を短期的に改善するためにはアメリカからの経済制裁が解かれ、外貨を呼び込むしかないのではないと個人的には思う。

「野獣列車を追いかけて」の十三駅目、シウダ・オブレゴン駅で出会ったパオラとはその後も継続的にメールを交換していた。とはいえ、「どこにいるの？」と尋ねても、一度だけアメリカとの国境の観光地ティファナの名を上げただけで、以降は教えてくれなかった。メールの内容は食べ物や彼女の子供のことなどたわいのないものだが、帰国後も私は彼女との紐帯のおかげでメキシコにいる移民たちの動向に注意を払うことができた。

それが一変したのが二〇二〇年三月以降である。彼女からの連絡は急に途絶えた。時期的にちょうどコロナ禍と一致してしまう。今まで返信が早かっただけに、今、どこで何をしているのか、心配である。

二〇一九年の十月から十一月にかけて野獣列車十五駅を辿ってきたが、これらは正規の駅ではない。あくまでも貨物列車の停留所に過ぎず、観光ガイドはもとよりメキシコの鉄道地図にも駅としては載っていないはずだ。しかし彼らは《駅〈エスタシオン〉》と呼び、駅を目指していた。そんな彼らの視座に少しでも近づきたくて、ここではあえて駅と表記していることを付記しておきたい。

中米からアメリカに向かう移民はコロナでいったんは激減したものの、皮肉なことに、コロナで職を失った結果、むしろ増えたとの報道もある。そのうえ十二月の米大統領選挙では移民政策に寛容な民主党のバイデンが当選確実となった。新政権に期待を寄せてホンジュラスでは早速キャラバンが結成されてアメリカを目指している。おそらくメキシコ入国直前で一網打尽に合い、逃散するだろう。首尾よく国境警備隊の目を潜れた者が野獣列車に飛び乗る構図になるような気がしてならない。バイデン新政権の中南米政策に注目したい。

ところで、アメリカへの密入国というテーマは、実は日本人とも無縁ではない。明治以降、日本から中南米への移民はブラジルとペルーを筆頭に、アルゼンチン、ボリビア、パラグアイ、キューバ、メキシコなどでもおこなわれてきた。だが過酷な労働環境や契約との相違から国を出る人たちが少なくなかった。

メキシコ移民の場合はアメリカに向かった。密入国を計らっていた日本人たちがいたのである。

《一九〇一年から七年までにメキシコに渡った契約移民は八七〇六名に達するが、一九〇八年二月の在墨公使館（筆者注・現在の在メキシコ日本国大使館）の報告によると、そのうち契約半ばにして病死したり逃亡した者は五〇〇〇名以上であった。逃亡者の大部分は米国に密入国したようである（中略）。当時、日系人の米国への密入国の経路はおもにバハ・カリフォルニア、ソラノ州からであった。しかもここも、米国側の国境近くには村落はなく砂漠が横たわっているだけで、飲料水の入手も困難である。密入国希望者は州北に待機して機会をうかがって旅をはじめる。歩いても歩いても乾ききった荒地と針の鋭いサボテンがあるだけであった》（『メキシコに生きる日系移民たち』山本厚子（河出書房新社））。

国境へ行くまでの手段として、私たちの祖父母、曾祖父母たちもまた、野獣列車に飛び乗っていたかもしれないのだ。

本書は前作『ダリエン地峡決死行』に続き産業編集センターの佐々木勇志氏にお世話になった。前作は世界でもっとも過酷と言われるコロンビア・パナマの国境を描いた。今回も日本ではマイナーな中南米が舞台であるにもかかわらず出版の機会を与えて下さり、この場を借りて感謝の意を表したい。

最後になりますが、この本を読んで下さったすべての皆様に、心より御礼申し上げます。ありがとうございました。

二〇二一年一月上旬　北澤豊雄

主要参考文献等

（混迷の国ベネズエラ潜入記）

【書籍】

・『太鼓歌に耳をかせ』石橋純（松籟社）二〇〇六年一月
・『革命のベネズエラ』新藤通弘（新日本出版社）二〇〇六年五月
・『反米大統領チャベス　評伝と政治思想』本間圭一（高文研）二〇〇六年十月
・『エル・システマ　音楽で貧困を救う　南米ベネズエラの社会政策』（教育評論社）二〇〇八年十二月
・『「帝国アメリカ」に近すぎた国々ラテンアメリカと日本』石井陽一（扶桑社新書）二〇〇九年六月
・『ウーゴ・チャベス　ベネズエラ革命の内幕』ローリー・キャロル／訳・伊高浩昭（岩波書店）二〇一四年四月

・『チャベス政権下のベネズエラ』坂口安紀（アジア経済研究所）二〇一六年二月
・『ベネズエラ――溶解する民主主義、破綻する経済』坂口安紀（中公選書）二〇二一年一月十日

【論文】
・「ベネズエラ・チャベス政権―南米における反米左派の巨頭」「アジ研ワールド・トレンド」二〇〇六年十月（坂口安紀）
・「ベネズエラ危機の真相――破綻する国家と二人の大統領」「ジェトロリポート」二〇一九年四月（坂口安紀）
・「ふたりの大統領の間で揺れるベネズエラ―これは『終わりの始まり』なのか？―」「ラテンアメリカレポート」二〇一九年三十六巻（坂口安紀）

（野獣列車を追いかけて）

【書籍】

・『メキシコに生きる日系移民たち』山本厚子（河出書房新社）一九八八年五月
・『メキシコの歴史』国本伊代（新評論）二〇〇二年四月
・『メキシコの歴史　メキシコ高校歴史教科書』国本伊代 監訳（明石書店）二〇〇九年七月
・『メキシコ麻薬戦争 アメリカ大陸を引き裂く「犯罪者」たちの叛乱』ヨアン・グリロ／翻訳 山本昭代（現代企画室）二〇一四年三月
・『移民大国アメリカ』西山隆行（ちくま新書）二〇一六年六月
・『ルポ　不法移民　アメリカ国境を越えた男たち』田中研之輔（岩波新書）二〇一七年十一月
・『ルポ　不法移民とトランプの闘い　一一〇〇万人が潜む見えないアメリカ』田原徳容（光文社新書）二〇一八年十月
・『現代メキシコを知るための七十章【第二版】』国本伊代 編集（明石書店）二〇一九年一月

北澤豊雄（きたざわ・とよお）

1978年長野県生まれ。ノンフィクションライター。帝京大学文学部卒業後、広告制作会社、保険外交員などを経て2007年よりコロンビアを拠点にラテンアメリカ14ヶ国を取材。「ナンバー」「旅行人」「クーリエ・ジャポン」「フットボールチャンネル」などに執筆。著書に『ダリエン地峡決死行』(産業編集センター刊)。

わたしの旅ブックス

029

混迷の国ベネズエラ潜入記

2021年3月22日　第1刷発行

著者——北澤豊雄

編集——佐々木勇志（産業編集センター）

ブックデザイン——マツダオフィス

DTP——角 知洋_sakana studio

地図作成——山本祥子（産業編集センター）

発行所——株式会社産業編集センター

〒112-0011

東京都文京区千石4-39-17

TEL 03-5395-6133　FAX 03-5395-5320

http://www.shc.co.jp/book

印刷・製本——株式会社シナノパブリッシングプレス

ISBN978-4-86311-287-2